질문을 꿀꺽 삼킨 사회 교과서

경제 편

질문을 꿀꺽 삼킨
사회 교과서 경제 편

초판 1쇄 발행 | 2010년 7월 20일
초판 6쇄 발행 | 2019년 7월 1일

글쓴이 | 전혜은
그린이 | 김미정

발행인 | 이상언
제작총괄 | 이정아

편집 · 진행 | 김혜영

발행처 | 중앙일보플러스(주)
주소 | (04517) 서울시 중구 통일로 92 KG타워 4층
등록 | 2008년 1월 25일 제2014-000178호
판매 | 1588-0950
홈페이지 | www.joongangbooks.co.kr
페이스북 | www.facebook.com/hellojbooks

©전혜은, 2010

ISBN 978-89-278-0066-8 14370
　　　978-89-278-0061-3 14370 (세트)

주니어중앙은 중앙일보플러스(주)의 어린이 책 브랜드입니다.

주니어중앙

<질문을 끌떡 삼킨 사회 교과서-경제> 이렇게 구성되었어요!

1. 세상에 하나뿐인 나만의 선생님!

교과서를 가장 잘 아는 학교 선생님이
공부에 대한 방향을 안내해 줘요.

2. 배울 내용을 한눈에 파악할 수 있는 핵심 키워드!

제목만 봐도 교과서에서 꼭 알아야 할
중요 핵심을 한눈에 파악할 수 있어요.

3. 공부를 즐겁게 만드는 만화!

재미난 만화로 시작해서 내용에 대한
이해가 더 쉬워요!

교과 연계를 한방에!

각 장마다 학년별 교과 연계가 표시되어
있어서 필요한 부분을 쉽게 찾을 수 있어요.

미리 배운 내용을 복습해 놔야 시험 기간에 덜 힘들다는 준비, 공부는 시험을 앞두고 벼락치기로 해야 한다는 낭비. 여러분은 준비와 낭비 중에 누구의 말이 옳다고 생각하나요? 아마 대부분의 어린이가 준비가 맞다고 생각할 거예요. 우리 경제생활에도 준비가 필요해요. 그것이 바로 '저축'이랍니다.

 교과서와 함께 공부해요.

- 3학년 2학기_1.고장 생활의 중심지_1)생활에 필요한 것
- 4학년 2학기_1.경제생활과 바람직한 선택_1)현명한 선택
- 5학년 2학기_1.우리나라의 경제 성장_1)우리나라 경제성장

선택과 포기, 재화와 용역 등 나를 둘러싸고 있는 주위의 기본적인 경제 개념을 배워요.

4. 중요한 핵심 내용을 콕 짚어 주는 한 번에 밑줄 좍!

꼭 알아야 할 내용에 선생님이 직접
밑줄을 그어 강조했어요.

5. 알짜배기 정보만 다시 알려 주는 묻고 답하기!

말풍선과 캐릭터를 이용한 묻고 답하기 형식으로
머릿속에 개념을 쏙쏙 넣어 줘요.

6. 덤으로 하나 더 얻는 지식 정보!

본문에서 더 알아야 할 내용을 정리했어요.
정보가 곧 지식인 아이들에게 아주 유용해요.

친절한 낱말 풀이!

아이들이 책을 읽다 모르는 낱말 때문에
흐름이 끊기지 않도록 쉽게 설명했어요.

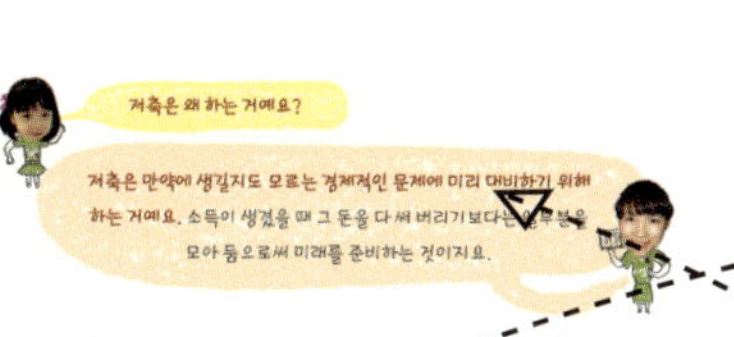

어요. 뿐만 아니라 이러한 기능을 손톱만큼 작은 칩에
우면 신용 카드 기능이 그대로 들어가지요.

하지만 신용 카드를 가지고 있으면 당장 돈이 없어
서 지나친 소비를 할 염려가 있으니 주의해야 해요.

칩 전류가 흐르는 얇고 작은 조각판으로 다양한 전자 제품에 끼워 사용

질문을 꿀꺽 삼킨 사회 교과서 - 경제

저는 초등학교에서 어린이들을 가르치는 초등학교 선생님이자 9살, 5살 두 아들의 엄마입니다. 어린이들의 경제 교육에 대해 관심이 많은 만큼 두 아들 역시 경제적인 생각을 가지고 바른 경제생활을 하는 어린이로 키우려고 노력하고 있지요.

하루는 9살 큰아들이 자기 용돈을 써야겠다고 하는 거예요. 그래서 그 이유를 물었더니 문구점에서 딱지를 사려고 한다고 하더군요. 원래 일주일에 천 원씩 용돈을 받아 자기 용돈을 스스로 관리했기 때문에 필요하면 사라고 말했지요. 그런데 잠시 뒤 문구점에 다녀온 큰아들은 손에 딱지가 아닌 풍선을 들고 있었어요.

"문구점에 딱지가 다 떨어졌대요. 그런데 풍선도 똑같이 5백 원이라서 풍선을 샀어요."

아! 경제적으로 생각할 수 있게끔 많이 가르쳤는데도 이런 선택을 하다니.

여러분에게 선생님의 큰아들과 같은 일이 생겼다면 어떻게 할 건가요? 경

제적인 생각을 가지고 있는 어린이라면 돈을 쓰는 일을 잠시 미뤄 두었다가 문구점에 새 딱지가 들어왔을 때 5백 원을 쓴다고 말할 거예요. 하지만 선생님의 큰아들은 소중한 용돈 5백 원을 계획에도 없는 풍선을 사는 데 쓰고 말았어요.

이런 일은 우리 생활에서 흔히 일어나요. 어린이뿐만 아니라 어른들도 마찬가지이지요. 한순간 경제적으로 생각하지 못한 탓에 아까운 돈을 낭비하기도 하고, 잘못된 선택 때문에 후회하기도 한답니다. 경제적인 생각과 바른 경제생활을 하는 습관은 오랜 시간 동안 다양한 경험을 통해서 이루어져요. 선생님의 큰아들도 조금 더 자라고 경제적인 경험을 조금 더 많이 하게 되면 똑같은 실수는 하지 않을 거예요.

선생님은 이 책이 많은 어린이들에게 경제적인 생각과 경험을 할 수 있는 기회가 되기를 바란답니다.

전혜운

질문을 꿀떡 삼킨 사회 교과서 -경제

1장 나의 경제

2장 우리의 경제

만족감
500
만족감
300

JAPAN
FINLAND
ARGENTINE
CHILE

 교과서와 함께 공부해요.

- **3학년 2학기**_1.고장 생활의 중심지_1)생활에 필요한 것
- **4학년 2학기**_1.경제생활과 바람직한 선택_1)현명한 선택
- **5학년 2학기**_1.우리나라의 경제 성장_1)우리나라 경제생활의 특징

선택과 포기, 재화와 용역 등 나를 둘러싸고 있는 주위 환경 속에 숨어 있는 기본적인 경제 개념을 배워요.

1장
나의 경제

“가지고 싶고, 가지고 싶고, 또 가지고 싶어.”

우리의 욕구는 끝이 없어요. ‘욕구’란 ‘어떤 것을 가지고 싶은 마음’이에요. 갖은 노력 끝에 가지고 싶은 것을 손에 넣었다고 해도 기쁨은 그때뿐, 금세 또 다른 것이 가지고 싶어진답니다. 그래서 원하는 것을 얻기 위해 끊임없이 노력하게 되는데, 이렇게 노력하는 것이 바로 경제 활동이에요. 경제 활동은 사람이 생활하는 데 필요한 것을 얻기 위해 하는 모든 활동을 말해요. 자신이 필요로 하는 물건을 사거나 만드는 것도 경제 활동 가운데 하나랍니다. 경제 활동을 함으로써 우리는 욕구를 채우고 만족감을 얻을 수 있어요. 그런데 안타깝게도 아무리 노력해도 원하는 것을 모두 가질 수는 없어요.

돈만 있으면 원하는 것은 무엇이든 가질 수 있는 거 아니에요?

그렇지 않아요. 돈이 아무리 많아도 가질 수 없는 경우도 있답니다. 내가 원하는 물건의 양은 정해져 있는데 나 말고도 원하는 사람이 아주 많거나, 내가 원하는 것이 세상에 몇 개뿐인 물건인데 이미 다른 사람들이 가져 버렸다면 살 수 없어요. 또 내가 원하는 것이 물건이 아니라 시간같이 눈에 보이지 않거나 만질 수 없는 것이어도 돈으로 살 수 없지요.

우리의 욕구는 끝이 없는데, 그 욕구를 다 채울 수 있을 만큼 자원과 방법이 충분하지 못할 때 경제 활동에는 문제가 생기게 된답니다.

희소성이
뭐예요?

사람의 욕구는 끝이 없고, 모든 욕구를 다 채울 수는 없어요. 욕구를 채울 수 있는 수단이 부족하기 때문이지요. 이렇게 구하기 힘들고 보기 드문 상태를 '희소하다'라고 한답니다.

어떤 것이 희소한지 희소하지 않은지는 무엇으로 판단해요?

어떤 것이 희소한지 아닌지 하는 것은 상황에 따라 달라요. 너도나도 탐내고 가지려고 애를 쓰는 물건은 희소하지만 그렇지 않은 물건은 희소하지 않아요. 석유와 햇빛을 생각해 보세요. 석유와 햇빛 가운데 사람이 살아가는 데 없어서는 안 되는 것은 햇빛이지만 희소한 것은 석유예요. 그 이유는 석유는 사람들이 필요로 하는 양보다 늘 부족해서 모두들 석유를 가지려고 애쓰기 때문이에요. 하지만 햇빛은 넉넉하기 때문에 희소하지 않아요.

예를 하나 들어 볼게요. 수학 시간에 선생님이 반 친구들 30명과 수학 문제 풀기 게임을 하기로 했어요. 선생님은 수학 문제를 먼저 푸는 15명

에게 선물을 주겠다고 하셨지요. 이때 희소한 것은 무엇일까요? 그래요, 바로 '선물'이에요. 선물을 원하는 반 친구는 30명이지만 선물은 15개로, 선물의 개수가 선물을 가지고 싶어 하는 사람의 수보다 적기 때문이지요.

그런데 사실 선생님은 사랑스러운 친구들을 위해 선물 30개를 모두 준비했어요. 그 사실을 알게 된 어린이들은 느긋해졌지요. 선물의 개수가 반 친구들의 수와 같으니까 빨리 문제를 풀 필요가 없어졌거든요. 따라서 이제 선물은 더 이상 희소하지 않게 되었답니다.

이처럼 같은 물건이어도 상황에 따라 희소할 수도 있고 희소하지 않을 수도 있어요. 앞에서 말했던 햇빛도 하늘이 구름으로 꽉 차 오랫동안 비추지 않게 된다면 희소하게 될 수 있지요. 희소성은 이렇게 필요나 상황에 따라 달라진답니다.

하루 동안 생활하려면 어떤 것들이 필요할까요?

하루 동안 생활하려면 어떤 것들이 필요할지 생각해 본 적이 있나요? 이제 막 하루를 시작한 정한이의 하루를 함께 살펴보기로 해요.

띠띠띠~. 정한이는 알람 시계 소리에 눈을 떠요. 조금 더 자고 싶지만 일어나 학교에 가야 해요. 화장실에 들어가 비누로 세수를 한 뒤 따뜻한 밥과 미역국을 먹어요. 밥을 먹고 난 뒤에는 칫솔에 치약을 묻혀 양치도 하지요. 이제 연필, 공책, 지우개, 교과서가 들어 있는 책가방을 메고 학교에 갑니다. 가는 길에 문구점에 들러 문구점 아저씨께 준비물도 사요. 선생님과 함께 하는 공부는 언제나 재미있어요. 학교가 끝나면 피아노 학원에 가요. 피아노 선생님께서는 정한이의 피아노 실력이 쑥쑥 늘어나도록 열심히 가르쳐 주십니다. 어느덧 저녁이 되어 정한이네 가족은 식탁에 둘러앉아 엄마가 해 주신 저녁밥을 함께 먹어요. 저녁을 먹고 난 뒤엔 모두 거실에 앉

아 텔레비전을 보며 사과를 먹지요. 어느덧 밤 10시, 잠자리에 든 정한이
는 베개를 베자마자 잠이 듭니다.

정한이의 하루에 쓰였던 '재화'로는 알람 시계, 치약, 비누, 밥, 미역국,
식탁, 베개, 피아노, 책가방, 사과 등이 있어요. 그럼 '용역(서비스)'은 무엇
일까요? 요리하는 데 들인 엄마의 노력, 학용품을 파는 문구점 아저씨의
수고, 선생님의 가르침, 피아노 선생님의 레슨처럼 손으로 만질 수는 없지
만 우리 생활에 꼭 필요한 것들이지요. '재화'와 '용역'은 우리 생활에 없어
서는 안 되는, 그래서 사람들이 끊임없이 원하는 두 가지랍니다.

가지고 싶은 것을 모두 가질 수 없을 때에는 어떻게 해야 할까요?

어쩌지요? 저러다 우리 못골라 공주님이 거울 앞에서 밤을 샐 것 같아요. 옷을 못 고르는 못골라 공주의 모습이 안타깝기도 하지만 조금은 어리석어 보이기도 하네요. 우리가 못골라 공주라면 여러 개의 드레스 가운데 하나를 '선택'할 텐데 말이에요. 여럿 가운데 어떤 드레스를 입을까 고민만

하다가 왕자님의 파티에 갈 기회를 놓치느니 조금이라도 더 마음에 드는 드레스를 선택해서 입는 게 나을 테니까요. 이처럼 무엇인가를 선택해야 하는 상황은 우리 생활 속에 늘 있어요.

우리의 경제 활동은 선택의 연속이랍니다. 천 원으로 과자를 살까 아이스크림을 살까 고민하는 동생, 미용실에서 파마를 할까 염색을 할까 망설이는 언니, 오늘 저녁 반찬으로 시금치를 무칠까 콩나물을 무칠까 고민하는 엄마, 아들 생일 선물로 자동차 장난감이 좋을까 기차 장난감이 좋을까 고민하는 아빠까지. 크든 작든 선택은 우리 생활 곳곳에 있어요.

선택이 어렵다고 아무것도 선택하지 않을 수는 없지요. 자꾸만 찾아오는 선택의 순간 때문에 우리는 하루도 편할 날이 없답니다.

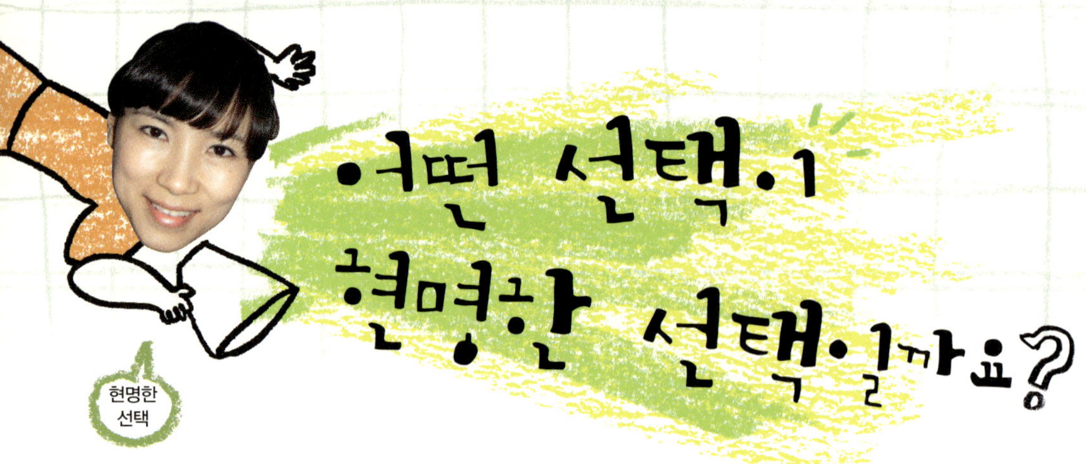

어떤 선택이 현명한 선택일까요?

어젯밤 선생님네 집에서는 피자를 한 판 시켰어요. 배달되어 온 피자 상자를 열어 보니 모두 8조각이 있었어요. 선생님의 가족은 4명이라서 '한 사람당 2조각씩 먹으면 되겠구나'라고 생각하며 맛있게 먹기 시작했답니다. 그런데 너무 배가 고파서 허겁지겁 먹다 보니 어느새 피자가 한 조각밖에

남지 않았어요. 모두들 더 먹고 싶어서 서로 눈치를 보았지요.

남은 피자 한 조각은 누가 먹었을까요? 선생님의 가족은 천천히 먹느라고 한 조각밖에 못 먹은 남동생에게 마지막 피자 한 조각을 양보하기로 했답니다. '선택'을 한 거예요.

선생님의 가족은 부족한 피자 때문에 선택을 해야 했어요. 선생님도 마지막 피자 조각을 먹고 싶어서 잠깐 망설였지만, 피자보다는 배고픈 남동생을 배려하는 마음이 더 컸기 때문에 양보하기로 한 것이지요. 물론 선생님이 마지막으로 남은 피자를 먹겠다는 선택을 할 수도 있었어요. 하지만 그랬다면 체해서 배탈이 났을지도 몰라요. 조금밖에 먹지 못한 동생 때문에 마음이 불편했을 테니까요.

여러분의 선택에 있어서도 마찬가지랍니다. 현명한 선택은 여러분에게 만족을 주지만 잘못된 선택은 후회를 주지요. 자신에게 무엇이 꼭 필요한지, 어떻게 해야 원하는 것을 가질 수 있는지 깊이 생각해서 현명하게 선택하는 사람이 되어야 해요.

이 세상에 공짜가 있을까요?

찬바람이 쌩쌩 부는 어느 겨울날, 여름 동안 열심히 일한 개미네 집에 여름 내내 노래만 부르며 놀던 베짱이가 찾아왔어요.

"무슨 일로 왔니?"

"집 안에만 있으니 심심하지? 내 노래 솜씨 좀 들어 볼래?"

개미가 고개를 끄덕이자 베짱이는 신나게 노래를 부르고 춤을 추었어요. 모든 공연을 끝낸 베짱이가 말했어요.

"이 세상에 공짜는 없어. 공연을 봤으니 식량을 나눠 줘."

선생님이 〈개미와 베짱이〉 이야기를 재미있게 바꾸어 보았어요. 이 이야기 속에는 중요한 경제 원리가 들어 있답니다. 어떤 것을 선택하면 다른 어떤 것은 포기해야 한다는 것이지요. 그래요, 세상에 공짜는 없어요. 재미있게 공연을 보았으니 대가를 치르는 것은 당연해요. 공연을 보는 선택을 함으로써 그만큼의 식량을 포기하는 것이지요.

선택과 포기는 우리 생활에서도 많이 찾아볼 수 있어요. 황금 같은 점심시간에 뭘 하고 놀까 두리번거리는데 저기 야구를 하는 친구들이 보여요. 그때 한 친구가 다가와 "같이 축구하자."라고 하네요. 축구도 좋고 야구도 좋지만 두 가지를 동시에 할 수는 없어요. 야구를 하면 축구를 포기해야 하고 축구를 하면 야구를 포기해야 하지요.

떡볶이의 기회비용은 얼마일까요?

신중하고 현명한 선택은 어떻게 해야 할까요? 무조건 오래 생각해 보기,

엄마께 여쭤 보기, 그날의 기분에 따르기?

아니에요. 현명한 선택을 하기 위해서는 선택에 대한 '기회비용'을 따져 봐야 한답니다.

'기회비용'이란 선택할 수 있는 두 가지 가운데 선택하지 않고 포기한 한 가지의 가치를 돈으로 따진 값이에요. 하나를 선택하면 다른 하나를 포기해야 하므로 기회비용을 꼭 따져 봐야 해요. 선택한 것의 만족감이나 가치가 기회비용보다 커야만 현명한 선택이라고 할 수 있답니다.

용돈이 5백 원밖에 없는 그림 속의 어린이는 어떻게 해야 현명한 선택을 할 수 있을까요?

가장 먼저 떡볶이와 튀김의 기회비용을 따져 봐야 해요. 떡볶이를 선택했을 때의 기회비용은 튀김의 가치인 3백 원이고, 튀김을 선택했을 때의 기회비용은 떡볶이의 가치인 5백 원이에요. 그렇다면 기회비용이 좀 더 적은 떡볶이를 선택하는 것이 좋겠네요. 그림 속 어린이가 떡볶이를 선택했다면 현명한 선택을 했다고 할 수 있어요.

언제나 현명한 선택을 하기란 어려워요. 하지만 선택을 하는 사람은 자신인 만큼 우리 모두 선택의 순간에 기회비용을 꼼꼼하게 따져 보는 현명한 사람이 되어야겠어요.

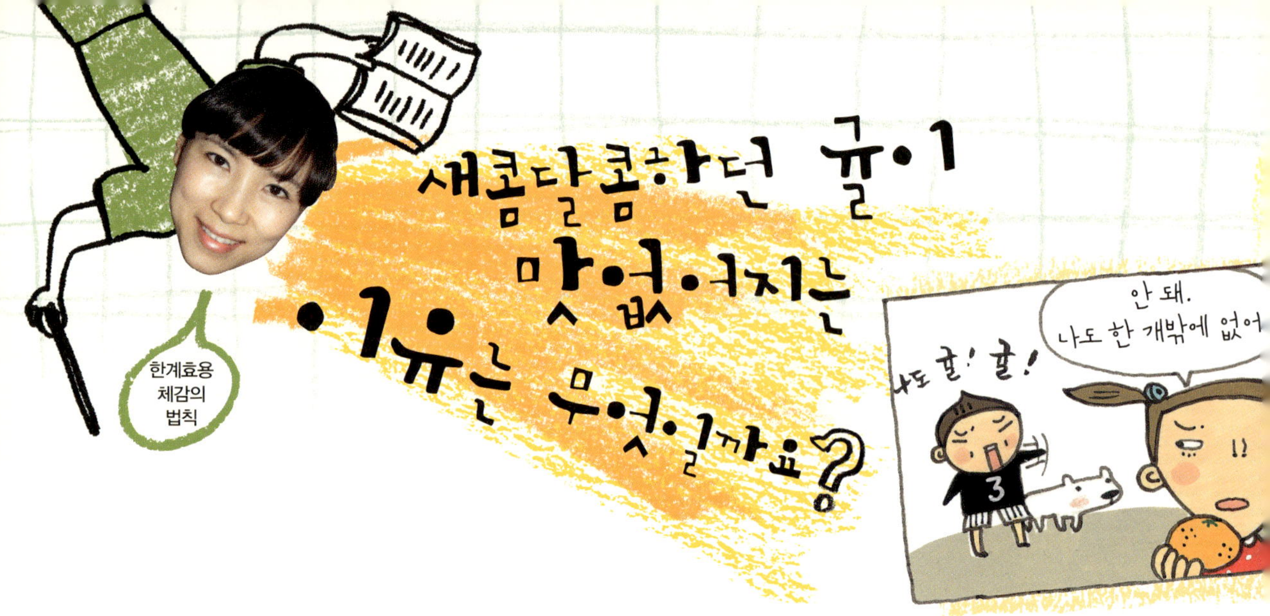

평소에 찜해 놓은 장난감을 산 날, 기다리고 기다리던 놀이공원으로 나들이를 간 날은 너무나 기뻐서 하늘을 날 듯해요. 하지만 안타깝게도 이런 마음은 오래 가지 않아요. 한 개밖에 없을 때에는 서로 먹으려고 다투던 귤이 결국에는 썩어 버리게 되는 것처럼 말이지요. 우리 생활 구석구석 없는 곳이 없는 경제 원리는 여기에도 숨어 있어요. 바로 '한계효용체감의 법칙'이랍니다.

'한계효용체감'의 법칙이 뭐예요?

한계효용체감의 법칙에 대해 알려면 먼저 '한계효용'에 대해서 이해해야 해요. '한계효용'은 '어떤 재화나 용역을 하나 더 사용하게 될 때 느끼는 만족감'을 말해요. 그럼 '체감'은 무슨 뜻일까요? '체감'이라는 말은 '등수를 따라서 차례로 덜어 간다'라는 뜻을 가지고 있어요.

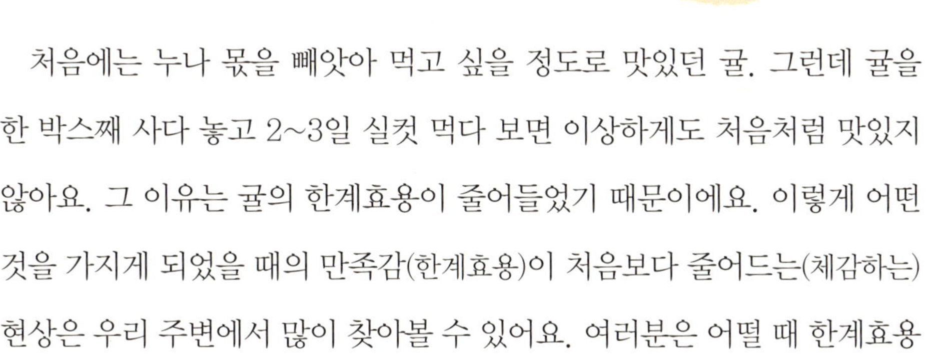

한계효용체감의 법칙은 '한계효용'과 '체감'을 합친 말이에요.
우리가 어떤 재화나 용역을 사용할 때 느끼는 만족감이,
사용한 재화와 용역의 개수가 늘어남에 따라
점차 줄어드는 현상을 말하지요.

처음에는 누나 몫을 빼앗아 먹고 싶을 정도로 맛있던 귤. 그런데 귤을 한 박스째 사다 놓고 2~3일 실컷 먹다 보면 이상하게도 처음처럼 맛있지 않아요. 그 이유는 귤의 한계효용이 줄어들었기 때문이에요. 이렇게 어떤 것을 가지게 되었을 때의 만족감(한계효용)이 처음보다 줄어드는(체감하는) 현상은 우리 주변에서 많이 찾아볼 수 있어요. 여러분은 어떨 때 한계효용체감의 법칙을 느끼나요? 한번 생각해 보세요.

어린이도 경제에 대해 알아야 하나요?

뜻하지 않게 용돈을 받으면 기분이 좋지요. 여러분은 이 용돈으로 무엇을 하고 싶나요? 머릿속에 그동안 사고 싶었던 다양한 물건들이 떠오를 거예요. 하지만 알다시피 정해진 돈으로 모든 것을 살 수는 없답니다.

이처럼 용돈으로 무엇을 할까 고민하는 것도 경제 활동이에요. 욕구를 채우기 위해 정해진 자원인 용돈을 어떻게 쓸 것인지 고민하고 있으니까요. 이렇게 우리는 끊임없이 선택을 해야 하고, 결국 우리 생활 자체가 경제 활동이 된답니다.

그렇지 않아요. 흔히 경제 활동은 어른들만 하는 것이라고 생각하지만 우리 어린이들도 경제 활동을 하고 있어요. 좁은 의미의 경제 활동은 물건을 사고파는 것과 관련된 것이지만, 넓은 의미의 경제 활동에는 가정에서 어머니를 도와 식탁에 수저를 놓거나 동생을 돌보는 것, 학교에서 선생님과 공부하거나 교실을 청소하는 것처럼 우리가 매일 하는 활동도 포함된답니다.
그렇기 때문에 어린이도 경제에 대해 잘 알아야 해요.

경제 활동의 가장 큰 목표는 돈과 시간, 노력은 적게 들이고 결과물은 많이 얻는 거예요. 경제를 공부하면 우리가 가지고 있는 돈과 시간, 재능을 효율적으로 이용하는 방법을 배울 수 있어요.

그뿐만이 아니에요. 어른이 될 준비로도 경제에 대한 지식은 꼭 필요해요. 스스로 돈을 벌어 써야 하는 어른이 되면 지금보다 더욱 많은 선택을 해야 하고 선택에 대한 책임도 커지기 때문이에요. 우리의 인생을 좀 더 알차고 효율적으로 가꾸기 위한 경제 공부, 꼭 해야 하는 중요한 공부랍니다.

꿀꺽 교과서와 함께 공부해요.

- **4학년 1학기**_3.더불어 살아가는 우리 지역_2)교류하며 발전하는 지역
- **5학년 2학기**_1.우리나라의 경제 성장_1)우리나라 경제생활의 특징

물물 교환, 화폐, 신용 카드 등 우리 생활과 밀접한 관계가 있는 경제 개념에 대해 알아보아요.

2장
우리의 경제

친구의 주먹밥·1
먹고 싶으면 어떻게 해야 할까요?

현장 학습에 가서 친구들과 함께 먹는 점심은 꿀맛 같아요. 우리 엄마는 김밥을 싸 주셨는데 옆 친구는 주먹밥을 싸 왔어요. 꿀꺽, 정말 맛있어 보여요. 엄마의 사랑이 듬뿍 담긴 김밥도 물론 맛있지만 친구의 주먹밥을 딱 한 개만 먹어 보고 싶어요.

주변을 둘러보면 사람들이 욕구를 충족시키기 위해 물물 교환을 하는 경우를 흔히 볼 수 있어요. 싫증 난 장난감을 친구의 장난감과 바꾸어 가지고 놀면 새로운 재미를 느낄 수 있고, 동생이랑 서로 다른 종류의 과자를 사서 조금씩 바꾸어 먹으면 두 가지 맛을 볼 수 있지요. 물물 교환은 어떤 물건이 필요할 때, 필요한 물건을 맞바꾸어 양쪽을 모두 만족시킬 수 있는 좋은 방법이랍니다.

물물 교환은 오랜 옛날부터 사용되었어요. 사는 곳에 따라 사람들이 가지고 있는 것이 달랐거든요. 먹고 자고 입는 데 쓰는 모든 것을 자연에서 얻었기 때문이에요. 산에 사는 사람은 산에서 나는 것, 들판에 사는 사람은 들판에서 나는 것, 바닷가에 사는 사람은 바다에서 나는 것만을 가지고 있었지요. 바닷가에 사는 사람이 산에서 나는 나물이 필요하면 자신의 생선과 나물을 바꾸는 것처럼, 옛날 사람들은 물건이 필요할 때에는 물물 교환을 했답니다.

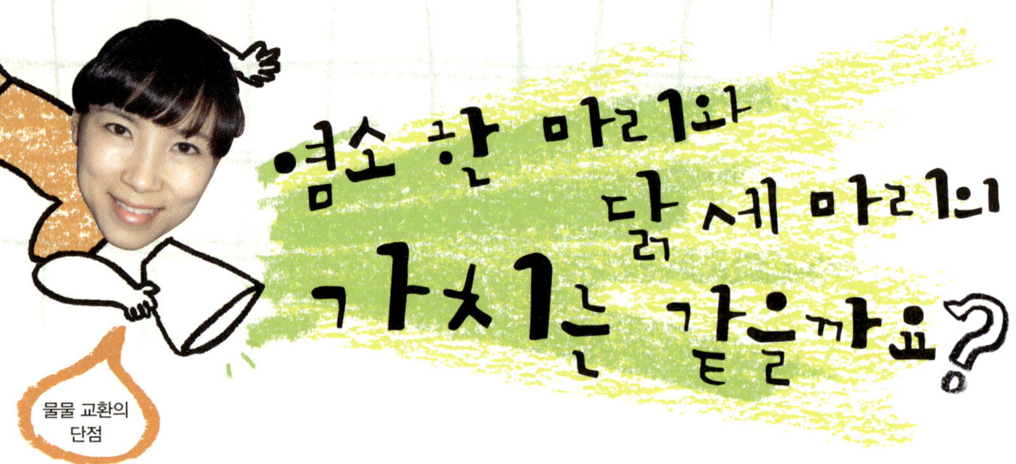

일 년 내내 열심히 염소를 돌본 농부는 염소를 여러 마리 가지게 되자 다른 동물도 키우고 싶어졌어요. 염소의 크기가 크니 조금 아깝기는 했지만 닭 세 마리 정도면 괜찮다고 생각하면서 장터로 향했어요. 마침 닭을 키우는 농부도 장에 나와 있었어요. 염소 한 마리와 닭 세 마리의 물물 교환, 성공할 수 있을까요? 농부에게 생길 수 있는 결과는 세 가지 정도로 생각해 볼 수 있어요.

첫 번째는 바로 물물 교환이 이루어지는 경우예요. 닭을 키우는 농부도 때마침 염소 한 마리가 필요했던 것이지요. 둘은 서로 염소 한 마리와 닭 세 마리를 바꿔 가졌어요.

두 번째는 여러 단계를 거쳐 물물 교환이 이루어지는 경우예요. 닭을 키우는 농부가 원하는 것은 염소가 아니라 쌀이었어요. 그래서 농부는 쌀을 팔러 나온 농부에게 찾아가 자신의 염소 한 마리와 쌀 한 가마니

를 바꿨어요. 그러고 나서 쌀과 닭을 바꿀 수 있었지요. 이 경우에도 농부의 뜻대로 물물 교환이 이루어지기는 했지만, 첫 번째 경우보다는 시간과 수고가 많이 필요해요.

세 번째는 물물 교환을 하지 못하는 경우예요. 물물 교환이 되지 않는 이유는 다양하지만, 가장 대표적인 것은 바꾸고자 하는 물건의 가치를 서로 다르게 생각하는 거예요. 농부는 염소 한 마리의 가치가 닭 세 마리의 가치와 비슷하다고 생각하지만 닭을 키우는 농부의 생각은 다를 수도 있어요. '닭은 매일 달걀을 낳으니 달걀을 먹을 수도 있고 병아리를 내다 팔 수도 있지만 염소는 뭣에 쓴담.'이라고 생각할 수도 있거든요.

그래서 사람들은 물물 교환 말고 다른 방법이 없을까 찾기 시작했답니다.

화폐는 어떻게 나타나게 되었나요?

염소 한 마리와 닭 세 마리를 바꾸고 싶어 하던 농부는 결국 물물 교환을 하지 못했어요. 닭을 키우는 농부가 끝까지 바꿔 주지 않았거든요. 농부의 아내는 그냥 돌아온 농부를 타박했어요.

"그럼 닭 두 마리하고라도 바꿔 오지 그랬어요."

"어떻게 키운 염소인데 겨우 닭 두 마리랑 바꾸라는 거야. 이 염소의 가치를 알아보는 사람이 나타날 테니 조금만 더 기다려 보자고."

결국 농부가 정성껏 키운 염소는 염소 우리에서 그대로 늙어 갔어요.

정말 안타깝네요. 자기가 원하는 것을 가지기가 이렇게 어렵다니 말이에요. 이런 일이 생긴 이유는 앞에서 살펴보았듯이 각 물건에 대한 두 농부의 가치가 달랐기 때문이에요.

농부는 염소와 닭에 대한 자신만의 가치를 가지고 있었어요. 닭보다 염소의 가치를 더 크게 생각했기 때문에 염소 한 마리와 닭 세 마리가 비슷한 가치를 지닌다고 생각했지요. 닭을 키우던 농부도 마찬가지예요. 그 농부는 염소 한 마리에는 닭 두 마리가 적당하다고 생각했기 때문에 두 농부는 물물 교환에 실패했어요.

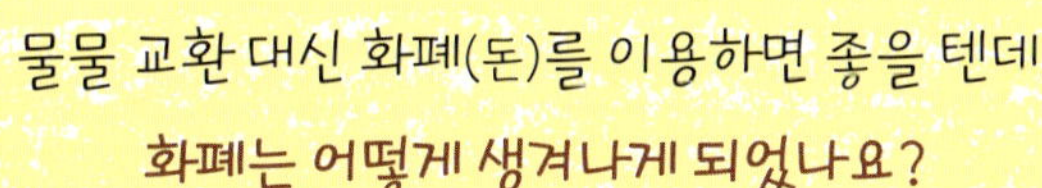

서로 생각하는 가치가 달라서 물물 교환에 실패하는 경우가 많자,
사람들은 '간접 교환'을 생각해 냈어요. 물물 교환이 물건과 물건을 직접
맞바꾸는 것이라면 간접 교환은 물건과 물건을 바꿀 때 가치를 대신 나타낼 수 있는
교환 수단을 이용하는 것이지요. 가치를 대신 나타내는 '어떤 것'을
교환 수단으로 이용하기 때문에, 가치에 대한 생각이 서로 다른 경우에도
교환 수단의 양을 줄이거나 늘려서 원하는 물건을 가질 수 있어요.
이렇게 해서 생겨난 것이 바로 '화폐'예요.

맨 처음 화폐를 이용해서 간접 교환을 할 때에는 곡식, 소금, 조개, 옷 감, 동물 뼈 같은 '물품 화폐'를 이용했어요. 가축과 노예를 이용하기도 했지요. 이런 물품 화폐가 등장하자 커다란 변화가 일어났어요. 더 이상 물물 교환을 하며 고생하지 않아도 쉽게 원하는 물건을 구할 수 있게 되었거든요. 물품 화폐의 종류는 제각각이었지만 기능만은 오늘날의 돈과 같았어요.

하지만 물품 화폐에도 문제는 있었어요. 예를 들어 화폐로 소금을 사용하는 마을 사람들은 비라도 오는 날이면 소금이 비에 녹지는 않을까 걱정했고, 곡식을 사용하는 마을 사람들은 곡식이 썩지는 않을까 걱정했어요. 조개를 사용하는 나라 사람들도 마찬가지였어요. 조개가 깨져서 쓰지 못할 때도 있었고, 조개가 너무 많아지면 보관할 곳이 없어 쩔쩔 맸거든요. 이런 소금, 곡식, 조개 같은 것들은 원래 모습에서 너무 쉽게 변해 버리는 문제를 가지고 있었답니다.

그래서 사람들은 쉽게 변하지 않는 금과 은, 구리, 철, 동 같은 금속을 이용한 '금속 화폐'를 생각해 냈어요. 그 가운데에서도 금과 은은 땅속에 조금밖에 묻혀 있지 않아서 굉장히 귀했기 때문에 최고로 높은 가치를 가지고 있었지요. 금속 화폐는 점점 발달했어요. 금속을 녹여 다양한 크기와 모양의 동전을 만들었지요. 이렇게 금속 화폐가 사용되면서 사람들의 생활은 편리해졌어요. 가끔 다른 나라 사람끼리 물건을 교환할 때에는 화폐가 달라서 어려움을 겪기도 했지만요.

금속으로 만든 동전은 무겁기도 하고 마땅히 보관할 곳이 없다는 문제가 있었어요. 옛날에는 신분이 높은 사람들만 금고를 가지고 있었기 때문에 평범한 사람들은 언제나 동전을 무겁게 지니고 다녀야 했지요. 그래서 생겨난 것이 오늘날 우리가 사용하는 화폐인 종이돈, 즉 지폐예요.

지폐는 얇고 가벼워서 사용하기 편하고 다양한 액면가를 나타내기 쉬울 뿐 아니라, 금이나 은으로 동전을 만드는 것보다 비용이 덜 든다는 장점이 있었지요. 하지만 흔한 종이로 만들다 보니 나라에서 가치를 정해 주어야 했어요. 그래서 나라에서는 특별히 정한 곳에서만 지폐를 만들 수 있도록 정해 두고, 나쁜 사람들이 가짜 지폐를 함부로 만들지 못하도록 지폐에 여러 가지 특수한 비밀 표시를 해 놓았답니다.

Tip

집이나 자동차처럼 한 번 살 때 많은 돈이 필요한 경우에는 아무리 가볍고 얇은 지폐라도 불편할 때가 있어요. 그럴 때에는 은행에 돈을 들고 가서 수표라는 종이와 바꿀 수 있어요. 수표를 받은 사람이 다시 은행에 수표를 들고 가면 수표에 적힌 금액만큼 돈을 돌려받을 수 있지요. 이처럼 지폐를 많이 사용해야 할 때 편리하게 이용할 수 있는 수표도 지폐의 한 종류랍니다.

액면가 지폐에 적힌 금액을 말해요.

　　사람들은 재화를 사거나 용역을 이용할 때 지폐와 동전으로 대가를 치르지요. 예전에는 지폐와 동전 없는 세상을 상상할 수 없었지만 오늘날에는 지폐와 동전이 없어도 필요한 것을 살 수 있어요. 바로 '신용 카드' 덕분이지요.

　　신용 카드는 미국 시카고에 사는 프랭크 맥나마라라는 사람이 지갑을 깜빡 잊고 외출한 일 때문에 생겨났습니다. 돈 많은 부자였던 프랭크 맥나마라는 어느 날 뉴욕의 한 레스토랑에서 친구와 식사를 마치고 나서야 지갑이 없다는 사실을 알게 되었어요. 당황한 프랭크는 레스토랑 주인에게 나중에 돈을 가져다주겠다고 했지만 주인은 단호하게 거절했지요. 프랭크는 할 수 없이 부인에게 연락했고 부인이 가져온 돈으로 계산을 했어요. 이 일이 있은 뒤 프랭크는 여러 친구들과 힘을 모아, 당장 돈이 없어도 저녁 식사를 할 수 있는 카드를 만들었답니다. 이 카드가 바로 최초의 신용 카드인 '다이너스 카드'의 시작이었어요. 처음에는 이 카드를 이용할 수 있는 식당이 14개뿐이었지만, 그 뒤로 은행과 카드 회사에서 카드를 만들기 시작하면서 신용 카드는 널리 쓰이게 되었어요.

오늘날 신용 카드의 기능은 더욱 발전해서 인터넷에서도 편하게 물건을 살 수 있을 뿐만 아니라, 지하철이나 버스를 탈 때 교통 카드로도 쓸 수 있어요. 뿐만 아니라 이러한 기능을 손톱만큼 작은 칩에 넣어 휴대 전화에 끼우면 신용 카드 기능이 그대로 들어가지요.

하지만 신용 카드를 가지고 있으면 당장 돈이 없어도 물건을 살 수 있어서 지나친 소비를 할 염려가 있으니 주의해야 해요.

칩 전류가 흐르는 얇고 작은 조각판으로 다양한 전자 제품에 끼워 사용해요.

어떤 것을 화폐로 정하면 좋을까요?

오랜 옛날부터 간접 교환에 사용되어 온 화폐의 종류는 매우 다양했어요. 오늘날에는 지폐와 동전, 수표와 신용 카드 등의 화폐를 이용하고 있지요. 지금 우리가 사용하는 화폐는 몇 가지 공통적인 조건을 갖추고 있답니다.

화폐는 어떤 조건을 갖추어야 하는데요?

희소해야 하고, 변하지 않고 보관하기 쉬워야 하며, 다양한 금액을 나타낼 수 있어야 하고, 오래 쓸 수 있어야 하며, 화폐로서 가치가 잘 지켜질 수 있어야 해요.

첫째, 화폐는 희소한 것이어야 해요. 소금, 곡식 같은 물품 화폐는 물론 금과 은 같은 금속 화폐의 재료도 모두 희소한 재료예요. 지폐는 재료가 종이라서 덜 희소하긴 하지만, 사람들은 지폐를 만드는 곳을 따로 정해 두고 지폐의 양을 조절함으로써 희소하게 만들었답니다.

둘째, 화폐는 변하지 않고 보관하기 쉬운 것이어야 해요. 소금, 곡식, 동물, 조개껍데기 등의 물품 화폐가 오래 사용되지 못한 이유가 여기에 있어요. 편리하려고 화폐를 사용하는 것인데 보관이 힘들면 안 되지요.

셋째, 화폐는 다양한 금액을 나타낼 수 있는 것이어야 해요. 만약 가축을 화폐로 사용한다고 생각해 보세요. 가축 한 마리보다 적거나 많은 금액이 필요할 때에는 어떻게 해야 하나 하는 문제가 생기지요.

넷째, 화폐는 오래 쓸 수 있는 것이어야 해요. 화폐를 만드는 데에도 돈이 들기 때문에 한 번 만드는 데 돈이 조금 들면서도 오래 쓸 수 있는 것이 경제적이지요.

다섯째, 화폐는 그 가치에 대한 약속이 지켜질 수 있는 것이어야 해요. 화폐의 가치는 같은 화폐를 쓰는 사람끼리 정한 약속에 따라 정해져요. 같은 지폐를 사용하는 사람의 1천 원짜리 지폐가 모두에게 1천 원만큼의 가치를 가지게 약속한 것이지요. 1천 원짜리 지폐가 어떤 사람에게는 1천5백 원, 어떤 사람에게는 1천 원, 어떤 사람에게는 5백 원이라면 모두가 사용하기 어려울 거예요.

이렇게 까다로운 조건을 갖추어야만 화폐로서 인정을 받을 수 있다니, 갑자기 지갑 속의 지폐가 대견해 보이네요.

우리나라에서 화폐를 만드는 곳은 어디예요?

오늘날 화폐가 없는 세상은 상상하기 힘들어요.

화폐는 동전과 지폐를 모두 말하지만 오늘날 주로 사용하는 화폐는 지폐

예요. 그런데 지폐는 재료가 종이라서 누구나 쉽게 만들 수 있으므로 원래

는 희소하지 않아요. 희소하지 않으면 화폐의 조건을 만족시키지 못할 뿐

만 아니라 화폐의 중요한 기능도 할 수 없지요. 그래서 화폐를 만드는 곳을 특별하게 정해 둔답니다.

우리나라에서 화폐를 만드는 곳은 어디예요?

우리나라에서 화폐를 만드는 곳은 '한국은행'이에요.
좀 더 자세히 말하면 한국은행의 명령에 따라 '한국 조폐 공사'가 돈을 찍어 내지요.

한국은행에는 돈을 만들기 위한 여러 결정을 하는 조직인 금융 통화 위원회가 있어요. 여기에서 경제에 대해 잘 아는 전문가들이 나라의 경제 상황을 여러 면에서 살핀 다음, 돈이 얼마나 필요할지, 돈의 양을 어떻게 조절해야 할지 결정하고 한국 조폐 공사에 명령을 내려요. 명령을 받은 한국 조폐 공사에서는 과학적인 방법을 사용해서(뒷장에 자세히 나올 거예요.) 정확하게 돈을 만들어 내지요.

만들어진 돈은 다시 한국은행으로 보내져요. 한국은행에서는 다른 은행들에게 필요한 만큼 돈을 내주고, 다른 은행들은 그 돈을 필요한 사람들에게 내주지요. 사람들의 경제 활동 속으로 들어간 돈은 돌고 돌며 자기가 할 일을 해요. 그러다가 찢어지거나 모양이 변해서 더 이상 사용할 수 없게 되면 다시 한국은행으로 되돌아가요. 한국은행에서는 쓸 수 없게 된 돈을 깔끔하게 불에 태워 없앤답니다.

어때요? 한국은행을 '돈의 일생을 책임지는 곳'이라고 불러도 되겠지요?

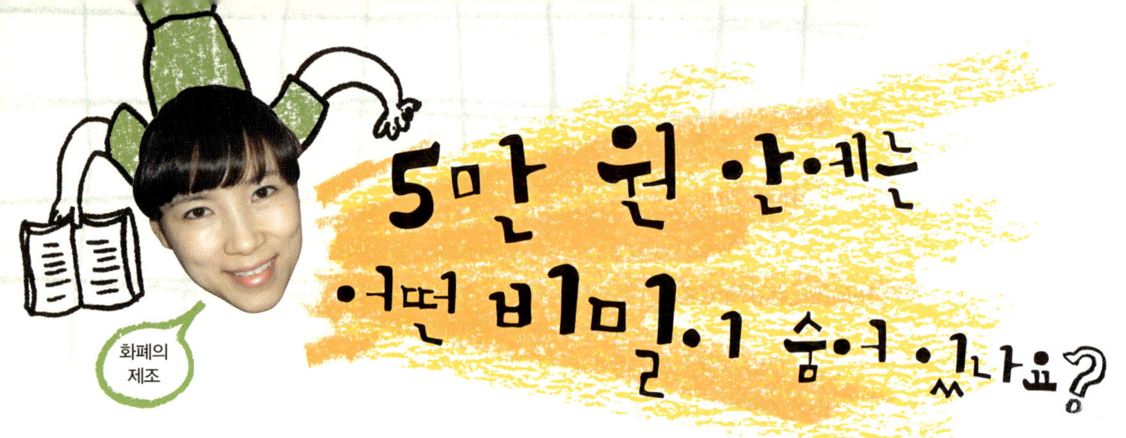

5만 원 안에는 어떤 비밀이 숨어 있나요?

"나는 2009년 6월 23일에 태어났어요. 사람들은 내가 태어나기를 무척 기다렸다고 해요. 우리 집에 아기 울음소리가 들린 것은 1975년 8월 14일에 우리 형제인 1천 원권이 태어난 뒤로 거의 35년 만이었거든요."

35년 만에 태어난 이 아기는 누구일까요? 이 아기는 바로 한국은행이 1974년에 발행한 1천 원권 이후 약 35년 만에 발행한 새로운 화폐인 5만 원권이에요.

우리나라에서 사용되는 화폐 가운데 가장 최근에 발행된 만큼, 과학적이고 예술적인 최고의 인쇄 기술이 쓰였답니다. 가짜 돈(위조지폐)을 만들 수 없게 하기 위해서이지요. 1천 원권, 5천 원권, 1만 원권에도 위조를 막

기 위한 다양한 비밀들이 숨어 있지만 5만 원권에는 좀 더 특별한 기술이 숨어 있어요.

5만 원권에 사용된 다양한 기술 가운데 가장 최첨단 위조 방지 장치는 앞면에 있는 **입체형 부분 노출 은선(❶)**이에요. 이 은선 안에는 태극 무늬가 들어 있는데 5만 원권을 아래위로 움직이면 이 태극 무늬가 좌우로 움직이는 것처럼 보이고, 좌우로 움직이면 아래위로 움직이는 것처럼 보여요. 또 그 옆에는 **홀로그램 띠(❷)**가 세로로 그어져 있어요. 이 띠에는 보는 각도에 따라 태극 무늬, 우리나라 지도, 4괘의 세 가지 무늬가 번갈아 나타나고 그 사이에 '50000'이라는 숫자가 보이지요. 이 밖에도 **숨은 그림(❸)**, **숨은 은선(❹)**, **볼록 인쇄(❺)** 등이 있고 뒷면에도 **색 변환 잉크** 등 다양한 인쇄 기술이 사용되었어요.

5만 원권에도 다른 화폐와 마찬가지로 시각 장애인에 대한 배려가 숨어 있어요. 앞면의 오른쪽과 왼쪽 가장자리(❻)에 가로로 다섯 줄을 볼록하게 인쇄해서 손으로 오돌도돌한 느낌을 느낄 수 있도록 했답니다.

위조 어떤 물건을 속일 목적으로 꾸며서 진짜처럼 만드는 것을 말해요.

홀로그램 레이저 광선을 이용해서 입체적인 모양을 나타내는 줄무늬를 기록한 것을 말해요.

나라마다 화폐의 단위가 다른가요?

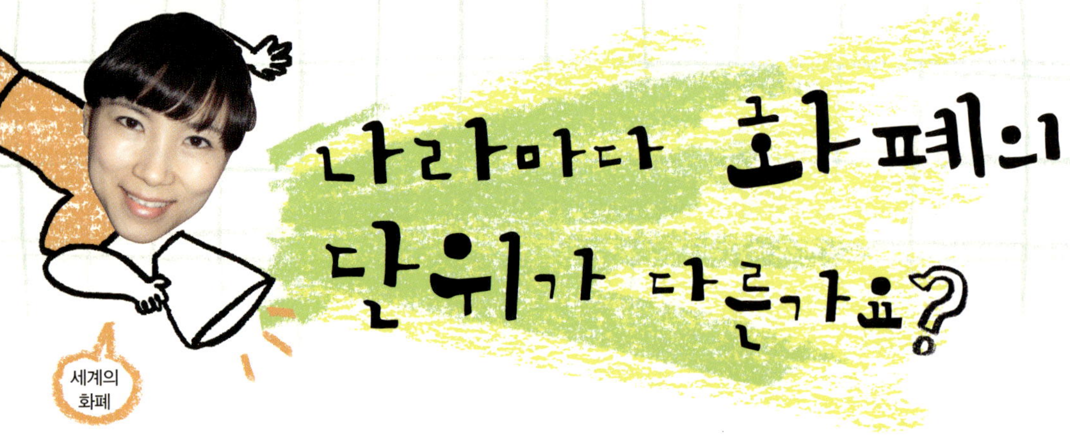

우리나라처럼 세계 여러 나라에도 그 나라만의 화폐가 있어요. 화폐에는 자기 나라의 자랑거리나 훌륭한 사람의 초상화가 그려져 있고, 그 나라의 경제 상황에 맞는 액면가가 쓰어 있어요. 여러 나라의 화폐에는 어떤 것이 있는지 함께 알아보아요.

미국의 화폐에는 지폐인 '달러'와 동전인 '센트'가 있어요. 초대 대통령인 조지 워싱턴(1달러, 25센트), 16대 대통령인 링컨(5달러, 1센트), 정치가인 프랭클린(100달러) 등이 그려져 있지요.

일본의 화폐는 지폐와 동전 모두 '엔'이에요. 일본의 동전에는 일본의 상징물인 어린 나뭇가지(1엔), 벼이삭과 톱니바퀴(5엔), 벚꽃(1백 엔) 등이 그려져 있고, 지폐에는 일본을 대표하는 여류 소설가와 과학자가 그려져 있어요. 달러와 엔은 둘 다 세계 경제에서 중요하게 쓰이는 화폐랍니다.

또 다른 나라들은 어떤 화폐를 쓰나요?

먼저 영국부터 살펴볼까요? 영국의 화폐는 지폐인 '파운드'와 주화인 '페니, 펜스, 파운드'로 나뉘지요. 다른 나라와 달리 영국의 모든 화폐에는 앞면에 현재의 여왕인 엘리자베스 2세가 그려져 있어요.

이 밖에도 북한은 '원', 중국은 '위안', 인도는 '루피', 태국은 '바트', 인도네시아는 '루피아', 러시아는 '루블', 멕시코는 '페소', 사우디아라비아는 '리알', 카메룬은 '프랑세타' 등을 사용하고 있지요. 이들 화폐에는 모두 그 나라의 특징을 담은 아름다운 그림과 위조 방지 장치가 인쇄되어 있어요. 어때요, 세계의 화폐를 알아보는 것만으로도 세계 여행을 한 바퀴 하는 것 같지 않나요?

 교과서와 함께 공부해요.

- **2학년 1학기**_2.이제는 할 수 있어요
- **4학년 2학기**_1.경제생활과 바람직한 선택_2)생산 활동과 직업의 세계
  1.경제생활과 바람직한 선택_3)가정의 살림살이
- **5학년 2학기**_1.우리나라의 경제 성장_1)우리나라 경제생활의 특징
  2.정보화 시대의 생활과 산업_1)정보화 시대의 생활

생산, 소득, 소비, 직업 등 우리 경제생활의 토대가 되는 가정생활과 관계있는 경제 개념을 배워요.

3장
가정의 경제

화목한 유정이네 가족의 생활 모습이에요. 온 가족이 오순도순 모여 아침밥을 먹고 아빠는 가족을 위해 일하러 가세요. 가족들이 없는 사이에 엄마는 청소기로 청소를 하시고, 할머니는 동네 미용실에서 예쁘게 파마를 하시지요. 유정이네 가족의 생활에는 '재화'와 '용역'이 몇 가지나 이용되고 있을까요?

일단 '재화'부터 찾아보아요. 유정이네 아침 식탁에 오르는 여러 가지 농산물, 가족들이 둘러앉는 식탁과 의자, 아빠가 타는 버스, 엄마가 사용하는 청소기, 할머니의 얼굴을 비추는 거울 등 다양한 재화가 있어요. 그럼 '용역'에는 어떤 것이 있을까요? 농산물을 기르고 수확하는 농부의 노력, 아빠가 탄 버스를 운전하는 기사 아저씨, 할머니의 머리를 예쁘게 만들어 주는 미용실 아줌마의 손길이 바로 용역이지요.

이렇게 우리 생활에는 많은 재화와 용역이 필요해요. 다양한 재화와 용역이 생산되지 않는다면 오늘날과 같은 생활은 꿈도 못 꿀 거예요.

'생산'이 뭔데요?

사람들의 생활에 필요한 재화와 용역을 만드는 일이 '생산'이고 생산을 하는 사람을 '생산자'라고 해요. 생산은 자연에 있는 것에 사람의 지혜와 힘을 더해 우리 생활에 조금 더 쓸모 있고 이로운 것을 만드는 일을 말해요.

땅에 씨앗을 뿌리고 정성껏 농산물을 기르는 것도 생산이고, 산 속의 나무로 멋진 식탁을 만드는 것도 생산이지요. 용역도 마찬가지랍니다. 사람이 가지고 있는 손재주를 발달시켜 여러 가지 기술을 익히고 사용하는 것도 생산이 될 수 있어요.

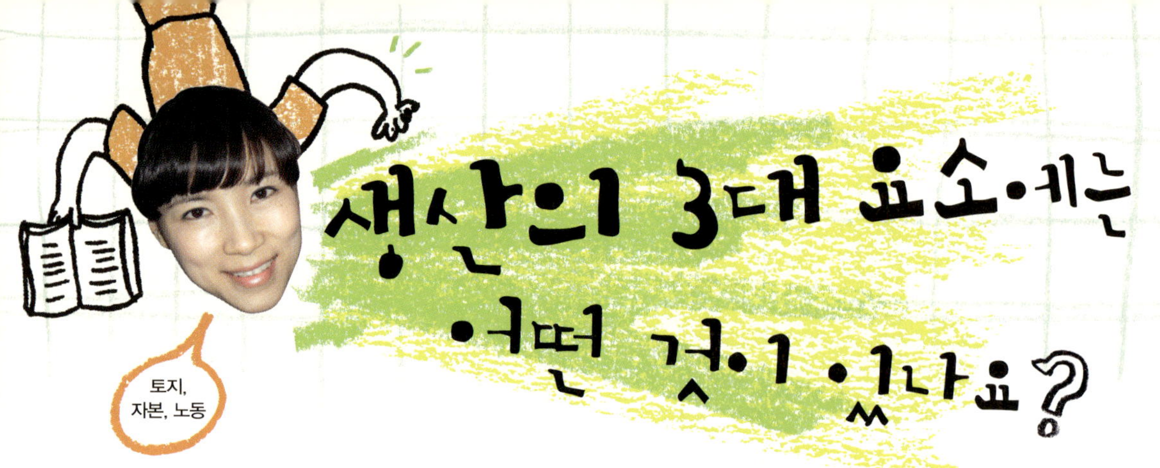 생산의 3대 요소에는 어떤 것이 있나요?

선생님은 어른인데도 단것을 너무 좋아해서 큰일이에요. 아직도 어린 아이처럼 사탕, 캐러멜, 초콜릿 같은 음식을 좋아한답니다. 여러분도 초콜릿을 좋아하나요?

한 입에 먹을 수 있을 정도로 작은 초콜릿 한 조각을 생산하기 위해서는 까다로운 자연 환경은 물론 여러 사람의 노력이 필요해요. 즉, 생산 요소가 있어야 하지요.

중요한 생산 요소에는 어떤 것들이 있어요?

생산 요소는 생산에 필요한 것을 말하는데 그 가운데에서도 토지, 자본, 노동을 생산의 3대 요소라고 해요.

'토지'는 땅, 바다, 대기, 지하자원 등과 같이 자연으로부터 얻는 자연 자원이에요. 여기에서는 카카오나무를 심고 키우기 위한 모든 자연적인 조건을 말하지요. 카카오나무가 좋아하는 구름이 많이 끼고 습도가 높은 날씨, 카카오나무를 심을 수 있는 땅, 맑은 공기와 깨끗한 물처럼 말이에요.

'자본'은 사람이 만들어 낸 것으로 생산을 위해 필요한 돈, 공장, 기계예

요. 너무 써서 그냥은 먹을 수 없는 카카오콩을 초콜릿으로 만드는 공장의 기계들, 카카오와 초콜릿을 운반하는 트럭, 초콜릿을 담는 포장 상자, 이렇게 필요한 기계나 도구 등을 살 수 있는 돈 같은 것이 자본이지요.

'노동'은 사람이 제공하는 육체적·정신적 노력이에요. 카카오 열매를 따고 단단한 껍질을 벗기는 것부터 카카오 콩을 볶는 일, 복잡한 초콜릿 기계를 다루는 일, 포장하는 일, 운

반하는 일 모두 사람의 힘 없이는 할 수 없어요.

그러고 보니 생산의 3대 요소인 토지, 자본, 노동 가운데 어느 하나도 소홀히 할 수 없네요.

이러한 생산의 3요소가 어떻게 결합되느냐에 따라 생산되는 여러 가지 재화와 용역도 달라져요. 예를 들어 양식 물고기를 생산하려면 물고기가 살 바다(토지), 양식에 필요한 그물과 사료와 배(자본), 물고기를 기르는 어부(노동)가 필요하지요.

또 고무장갑을 생산하려면 고무나무를 심을 땅(토지), 천연고무를 고무장갑으로 만들 공장 시설(자본), 천연고무를 채취하거나 고무장갑을 만드는 사람들의 힘(노동)이 필요해요.

이처럼 작은 물건 하나에도 3대 생산 요소는 물론 여러 사람의 땀과 노력이 깃들어 있답니다. 지금 여러분이 보고 있는 이 책은 어떠한 생산 요소들이 결합되어 완성되었을지 한번 생각해 보세요.

누구나 생산을 할 수 있나요?

①, ③번 그림과 ②, ④번 그림의 차이점은 무엇일까요? 그래요. ①, ③번 그림의 사람들은 돈을 받지만 ②, ④번 그림의 사람들은 돈을 받지 않아요.

그렇다면 ①, ③번 사람들만 생산 활동을 하고 있는 건가요?

집에서 자기 아이를 돌보는 어머니는 그 대가로 돈을 받지 않아요. 하지만 어머니가 유치원에 가서 아이들을 돌보는 일을 하면 돈을 받지요. 그렇다고 어머니가 집에서 자기 아이를 돌보는 일이 가치가 없는 것은 아니에요. 어머니가 아이를 돌보지 않는다면 가족의 생활은 곧 엉망이 되고 말 테니까요. 그리고 대신 아이를 돌봐줄 사람을 구한다면 그 사람에게 대가를 줘야 하므로 돈이 들어요. 결국 집안일로서 아이를 돌보는 것이나 돈을 벌기 위해 아이를 돌보는 것이나 모두 우리 생활에 만족을 주는 '가치 있는 일'이랍니다. 즉, 생산을 하는 것이지요.

초등학생인 여러분도 마찬가지예요. 집에서는 부모님을 도와 청소를 돕고 금붕어에게 먹이를 주고 동생을 돌봐요. 학교에서는 선생님을 도와 심부름을 하기도 하고 복도에 떨어진 쓰레기도 줍지요. 이웃 할머니의 무거운 짐도 들어 드리고 울고 있는 옆집 아기도 보살펴 주지요. 돈을 받지는 않지만 이처럼 여러분도 생산 활동을 하고 있어요.

우리 모두는 이 세상에 꼭 필요한 생산 활동을 하는 소중한 사람들이랍니다.

반짝반짝 아이디어도 생산 요소가 될 수 있다고요?

엊그제 선생님은 감동적인 텔레비전 프로그램을 하나 보았어요. 페닐케톤뇨증이라는 희귀병에 걸린 사람들을 위해 '특별한 밥'을 만든 기업에 대한 이야기였지요.

페닐케톤뇨증에 걸린 사람들은 단백질 섭취량을 줄여야 한대요. 그렇지 않으면 지능이 떨어지게 되거든요.

그래서 그 병에 걸린 사람들은 가짜 밥을 먹어야 해요. 가짜 밥은 뜨거울 때에는 죽처럼 물컹거리다가도 식으면 돌덩이같이 딱딱해질 뿐만 아니라 맛도 없대요. 그나마 일본에는 환자를 위한 밥이 있지만 값이 너무 비싸서 먹기가 어려웠다고 해요. 그래서 그 기업은 큰 결심을 했지요. 팔면 팔수록 손해인 제품이지만 희귀병에

걸린 사람들을 돕기 위해 단백질 양을 줄인 '특별한 밥'을 팔기로 한 거예요. 그것도 일본 제품의 3분의 1 정도의 싼 값으로 말이에요. 사장님이 이윤을 포기하면서 가슴 따뜻한 결정을 한 것이지요. 이것이 바로 새로운 생산 요소 가운데 하나인 '경영'의 힘이에요.

경영은 기업을 이끌어 가는 사람의 능력을 말해요. 기업을 경영하는 사람이 어떤 목표를 가지고 기업을 관리하며 운영하느냐에 따라 그 기업의 모습은 달라지지요. 아무리 좋은 생산 요소를 가졌다고 하더라도 경영을 잘하지 못하면 기업은 성공할 수 없어요.

우리 속담에 '같은 값이면 다홍치마'라는 말이 있어요. 값이 같다면 좀 더 예쁘고 보기 좋은 것을 고른다는 뜻이지요. 그만큼 디자인은 중요해요. 기술과 아이디어도 마찬가지이고요. 색다른 아이디어와 기술로 다른 기업보다 특별한 제품을 만든다면 그 기업은 더욱 발전하게 되겠지요.

이렇게 경영, 디자인, 기술, 아이디어도 전통적인 생산 요소와 더불어 새로운 생산 요소로 인정받고 있답니다.

어떤 직업을 가져야 할까요?

직업

추위를 피할 옷, 배고픔을 잊을 음식, 잠잘 집을 마련하기 위해서는 돈이 꼭 필요해요. 따라서 돈을 벌 수 있는 생산 활동을 해야 하지요. 일을 하고 돈을 버는 일, 그것이 바로 '직업'이에요. 우리는 주로 생산의 3요소 가운데 '노동(사람의 힘)'을 이용해서 일을 해 돈을 벌어요.

직업을 가지는 이유가 반드시 돈 때문만은 아니에요. 빨리 발견하느냐 늦게 발견하느냐의 차이가 있을 뿐 모든 사람에게는 잘하는 일(특기)과 좋아하는 일(흥미)이 있거든요.

특기와 흥미에 맞는 직업을 가지려면 우선 자신의 특기와 흥미가 무엇인지 알아내야 해요. 또 그 직업에 대해 미리 공부하는 것이 중요해요. 어떤 공부를 해야 하며 마음가짐은 어때야 하는지도 생각해 봐야 하지요. 그 직업에서 본보기가 되는 사람들의 모습을 살펴보는 것도 큰 도움이 돼요. 또, 부모님과 주변 사람들과 충분히 이야기를 나누는 것도 중요해요.

하지만 안타깝게도 실제로 자신이 원하는 직업을 가지는 어른들은 많지 않아요. 직업을 가져야 하는 시기와 각자 처한 환경 등에 따라 직업을 선택하게 되기도 하거든요.

자신에게 잘 맞는 직업을 선택하는 것은 행복한 삶을 사는 방법 가운데 하나예요. 직업을 바르게 선택해서 돈도 벌고 자신의 꿈도 이루는 행복한 경제인이 되길 바랍니다.

옛날에는 신분에 따라 직업을 선택했다고요?

지금으로부터 5백 년 전 조선 시대의 어느 날, 산들마을 김 서방네 집에 막둥이 아들이 태어났어요. 잘생기고 튼튼한 아들이 태어나서 김 서방은 굉장히 기뻤어요.

김 서방이 막둥이가 태어난 것을 기뻐한 이유가 하나 더 있었답니다. 바로 김 서방의 뒤를 이어 농사일을 할 사람을 얻었기 때문이에요.

옛날에는 아들이 아버지의 직업을 그대로 물려받아야 했나요?

옛날 조선 시대에는 신분 제도가 있었어요. 가장 신분이 높은 사람은 양반, 그 다음은 중인, 그 다음은 상민, 가장 낮은 사람은 천민이었는데 신분에 따라 할 수 있는 일이 모두 달랐어요. 그래서 그 자식들은 부모와 같은 일을 하는 경우가 대부분이었답니다. 능력이 아무리 뛰어나도 부모의 신분과 직업을 그대로 물려받았던 것이지요. 하지만 지금은 신분 제도가 없어졌기 때문에 자신의 특기와 흥미에 따라 자유롭게 직업을 선택할 수 있어요.

또 옛날에는 직업의 종류가 매우 적었어요. 가장 수가 많았던 상민들은 주로 농사짓고 나무하고 물고기 잡는 일을 할 뿐이었어요. 상민만이 아니라 양반, 중인, 천민 모두 선택할 수 있는 직업의 종류가 매우 적었지요. 하지만 오늘날에는 옛날에 비해 직업의 종류가 아주 많아져서 원하는 직업을 선택할 수 있어요.

여자들이 직업을 가질 수 있는 기회도 많이 늘어났지요. 옛날에는 보통 남자들은 직업을 가지고 밖에서 일을 하고 여자들은 집 안에서 살림을 하며 살았어요. 그만큼 돈을 벌어 오는 남자들이 집안의 중심이 되었지요. 하지만 지금은 남자든 여자든 원하면 직업을 가질 수 있고 집안일도 서로 나눠서 해요.

이렇게 옛날과 오늘날의 직업에는 여러 가지 다른 점이 있어요. 하지만 열심히 일하고 돈을 벌어 가족과 행복하게 살기를 바라는 마음은 그때나 지금이나 같답니다.

직업이 없어지기도 하고 새로 생기기도 하나요?

오늘날에는 매일매일 새로운 지식과 정보가 쏟아져 나오고 세상은 하루가 다르게 변하고 있어요. 직업도 마찬가지예요.

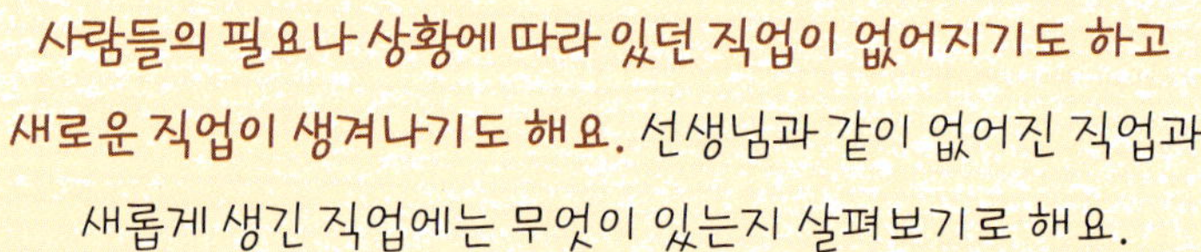

없어진 직업들을 먼저 알아볼까요? 혹시 버스 안내양이라는 직업에 대해 들어 보았나요? 버스 안내양은 버스에서 승객들에게 요금을 받고, 차 문을 닫거나 열고, 다음 정류장을 안내하는 역할을 했지요. 하지만 손님들이 직접 요금 통에 돈을 넣는 '시민 자율 버스'가 등장하면서 사라졌어요. 물장수도 지금은 없는 직업이에요. 예전에는 높은 곳에는 수돗물이 나오

지 않아서 물을 직접 물통에 담아 날라야 했기 때문에 이 일을 대신 해 주는 물장수라는 직업이 있었어요. 하지만 마을 곳곳에 수도관이 연결되면서 사라졌답니다.

새롭게 생긴 직업도 있어요. 요즘은 의학 기술이 발달하고 생활 수준이 높아지면서 사람들의 수명이 점점 길어지고 있어요. 하지만 너무 바빠서 자신의 부모를 제대로 보살필 수 없는 사람들도 늘어났지요. 그래서 노인을 전문적으로 보호하고 보살피는 노인 요양 보호사라는 직업이 새롭게 생겼어요. 또 애완동물의 털을 깨끗이 다듬고 예쁘게 꾸며 주는 애견 미용사도 예전에는 없던 직업이에요.

미래에는 어떤 직업이 생겨날까요? 고장 난 로봇을 고쳐 주는 로봇 전문 수리공이 생겨날지도 모르고, 우주 여행만 전문적으로 안내하는 우주 여행 가이드가 나타날지도 몰라요. 분명한 것은 앞으로도 직업은 사회의 변화에 맞추어 사라지기도 하고 나타나기도 할 거라는 사실이에요.

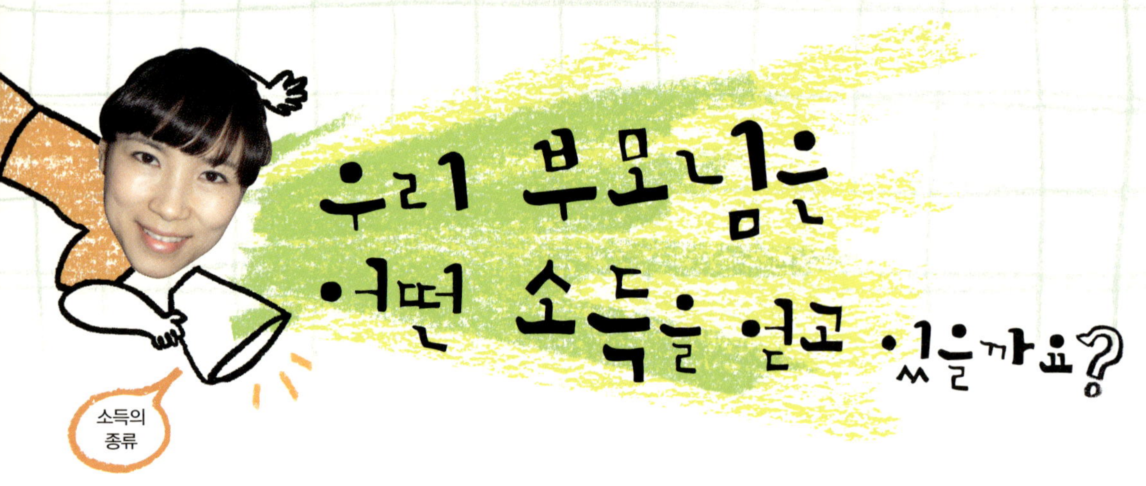

우리 부모님들은 아무리 힘들고 지쳐도 열심히 일하십니다. 그 대가로

돈을 벌어 오시지요. 우리 가정에 소득이 생기는 거예요.

소득은 크게 근로 소득, 사업 소득,

재산 소득으로 나뉘어요.

'근로 소득'은 가장 많은 사람들이 얻는 소득이에요. 어떤 곳이나 사람에게 속해서 일을 해 주고 그 대가로 소득을 얻는 것이지요. 선생님처럼 학교에서 학생들을 가르치거나 회사나 공장, 가게 등에서 일하면 근로 소득을 얻는 '근로 소득자'가 돼요.

'사업 소득'은 자기 스스로 회사나 가게의 주인이 되어 얻는 소득을 말해요. 스스로 회사를 세우고 경영해서 얻는 소득도 사업 소득이고, 혼자 농사를 짓고 곡식을 내다 팔아 얻는 소득도 사업 소득이에요. 자기 화물차로 물건을 배달해 주고 얻는 소득도 사업 소득이지요.

'재산 소득'은 돈이나 땅, 건물을 빌려 준 대가로 얻는 소득이에요. 자기가 가지고 있는 건물을 다른 사람에게 빌려 주면, 그 사람은 거기서 일해 돈을 벌어서 건물을 빌린 대가를 낼 거예요. 또 논이나 밭을 빌려 주면, 그것을 빌린 사람은 농사를 지어 돈을 번 다음 논과 밭을 빌린 대가를 치르겠지요. 다른 사람에게 돈을 빌려 주거나 은행에 맡긴 뒤 이자를 받아서 재산 소득을 얻을 수도 있어요.

여러분의 부모님은 어떤 종류의 소득을 얻고 있는지, 부모님이 하시는 일을 잘 살펴보고 생각해 보세요.

이자 남에게 돈을 빌려 쓴 대가로 치르는 일정한 비율의 돈을 말해요.

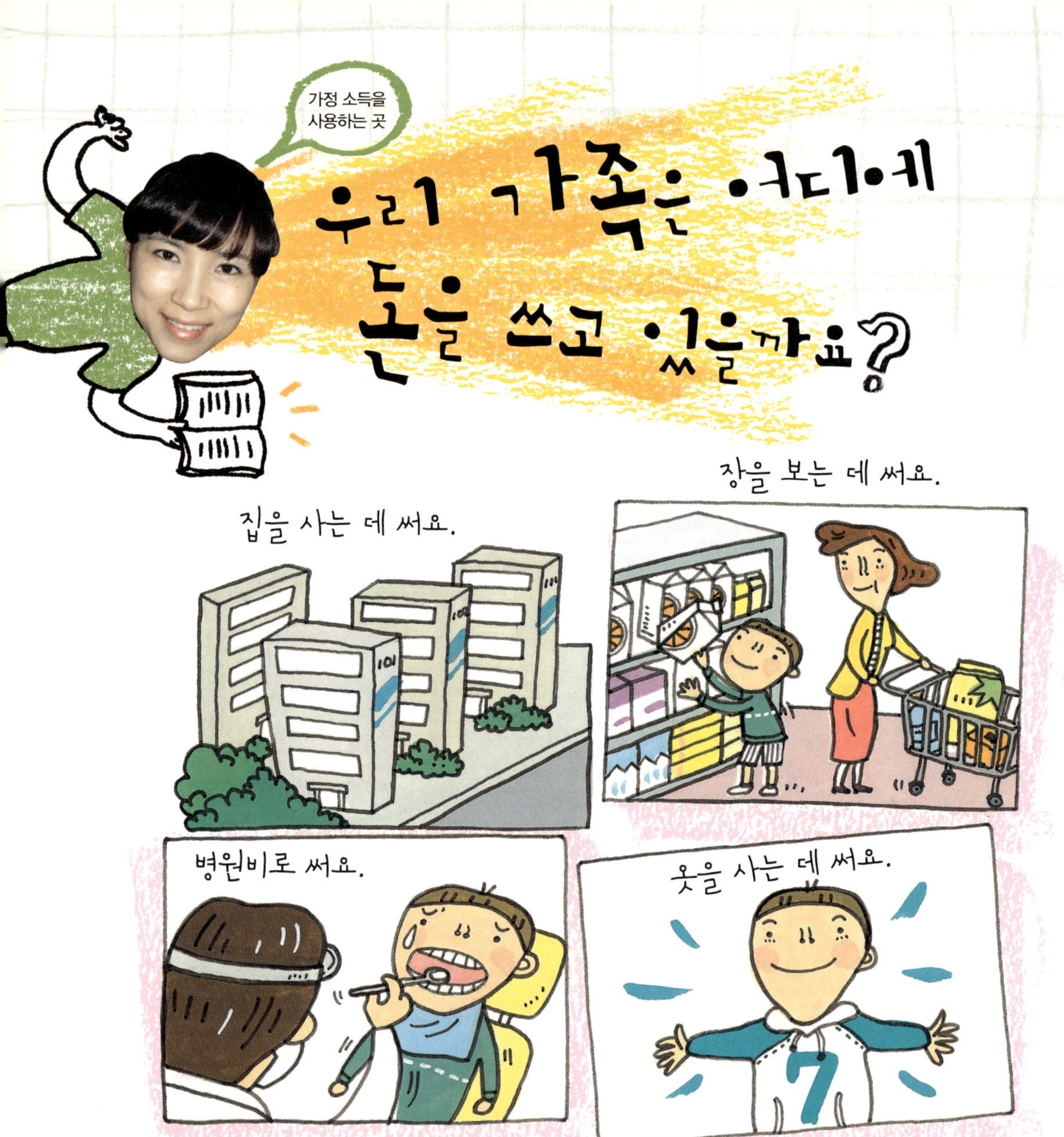

사람은 혼자서 살아갈 수 없어요. 그래서 사회를 이루며 살아가는데 이 사회를 이루는 가장 작은 단위가 바로 '가정'이에요. 가정을 이루고 함께 사는 사람들을 '가족'이라고 해요. 가족은 주로 부모와 자녀로 구성되는데 같은 공간에 모여 살면서 서로 정을 나누고 돕지요. 뿐만 아니라 경제생활도 함께 해요. 주로 부모님처럼 어른들이 직업을 가지고 벌어 오는 돈으로 온 가족이 함께 경제생활을 하지요. 이것이 바로 가정의 소득이에요.

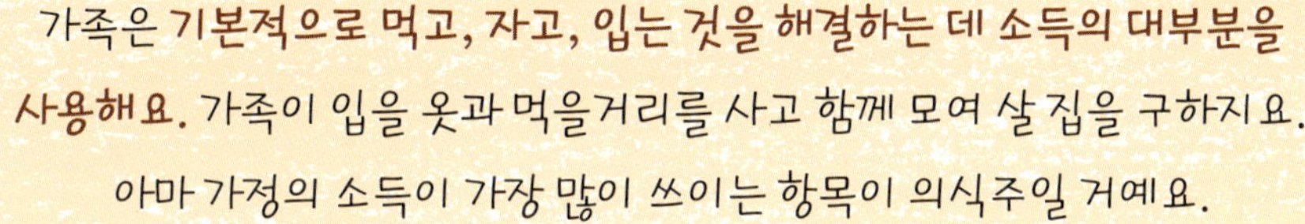

가족은 기본적으로 먹고, 자고, 입는 것을 해결하는 데 소득의 대부분을 사용해요. 가족이 입을 옷과 먹을거리를 사고 함께 모여 살 집을 구하지요. 아마 가정의 소득이 가장 많이 쓰이는 항목이 의식주일 거예요.

추운 날에는 보일러를 틀어야 하고 더운 날에는 선풍기를 틀어야 하며 가족이 모여 텔레비전도 봐야 해요. 따뜻한 물로 샤워도 하고 음식도 조리해서 먹어야 하지요. 이런 데에 드는 돈인 전기세, 수도세, 가스비 등의 관리비도 가정 소득이 중요하게 쓰이는 항목이에요.

이 밖에 가족이 아플 때에는 병원비가 필요하고, 피아노와 태권도 같은 것을 배우기 위한 학원비도 필요해요. 또 일터나 학교로 가기 위한 자동차의 주유비나 교통비도 필요하지요. 무엇보다 미래에 쓸 돈을 마련해 두기 위한 저축과 혹시 모를 질병이나 사고에 대비하기 위한 보험에도 가정 소득을 꼭 사용해야 해요. 이 밖에도 가정의 소득은 여러 가지 쓰임새로 사용되지요.

가족이 함께 모여 살기 위해 써야 하는 돈이 참 많네요. 부모님의 땀방울이 맺힌 소득을 정말 감사하고 소중하게 생각해야겠어요.

소비1도 선택.1라고요?

어떻게 하면 좋아요. 진구네 집에 쌀이 떨어졌나 봐요. 그런데 진구 엄마는 아들 진구가 다른 친구들처럼 게임기를 가지고 싶다며 울어서 마음이 아파요. 게임기를 사 주고 싶지만 마침 떨어진 쌀 때문에 선뜻 사 줄 수가 없거든요. 쌀도 필요하고 게임기도 필요하니, 이를 어쩌지요?

진구네 가족처럼 욕구를 채우기 위해 재화와 용역을 사용하는 것을 '소비', 소비하는 사람을 '소비자'라고 해요. 오늘날에는 소비를 하는 데에 돈(소득)을 사용하고 있어요. 하지만 평범한 가정에서는 얼마나 벌 수 있는지 대부분 정해져 있기 때문에 소득을 함부로 사용하면 안 돼요. 그래서 소비를 할 때에도 우선순위를 정하고 선택을 해야 한답니다.

여러분이 진구 엄마라면 어떻게 하겠어요? 진구의 게임기와 가족들이 먹을 쌀. 희소한 소득으로는 이 두 가지 모두를 살 수 없으므로 선택을 해야 해요. 선택을 할 때에는 선택해서 얻은 만족이 포기한 기회비용보다 커야 한다는 것을 배웠어요. 소득을 어디에 써야 하는지 정할 때에도 마찬가지랍니다. 선생님은 당연히 쌀을 선택할 거예요. 게임기보다 쌀을 선택했을 때의 만족이 더 크다고 생각하거든요. 게임기는 지금 당장 없어도 사는 데 큰 문제가 없지만, 쌀은 먹고살기 위해서 꼭 있어야 하기 때문이에요. 여러분도 그렇게 생각하지 않나요?

Tip

소비에는 두 가지 종류가 있어요. 하나는 '본래적 소비'이고 하나는 '생산적 소비'예요. 본래적 소비는 우리가 흔히 뭔가를 사용하는 소비 자체를 말하는 것이고, 생산적 소비는 뭔가를 만들기 위해 하는 소비를 말해요. 예를 들어, 자동차를 사는 것이 본래적 소비라면 그 자동차를 만들기 위해 철을 사용하는 것은 생산적 소비가 되는 것이지요.

무조건 아끼는 것도 좋지 않다고요?

결국 옷장수는 인형을 살 수 없었어요. 그런데 이상하게도 인형 공장마저 문을 닫게 되었어요. 그 이유가 뭘까요? 우리는 일을 한 대가로 돈을 벌어요. 우리가 일해서 만든 재화와 용역을 누군가가 소비했고, 그 대가로 돈을 냈기 때문이에요. 생산된 물건이 소비되니까 또 생산하고, 이것이 다시 소비되니까 또다시 생산하고……. 이렇게 소비는 우리 경제생활에서 더 많은 생산이 이루어지게 하는 매우 중요한 역할을 해요.

인형 공장의 근로자는 공장에서 일한 대가로 돈을 벌었지만 아끼느라고 사과를 사 먹지 않았어요. 그래서 사과 장수는 돈을 벌지 못해서 결국 옷을 살 수 없었어요. 그러자 옷장수의 옷이 팔리지 않았고, 돈을 벌지 못한 옷장수 또한 딸의 생일 선물로 인형을 살 수 없게 되었으니, 인형 공장에서도 더 이상 인형을 만들 필요가 없게 된 것이지요. 결국 인형 공장은 문을 닫았고 아끼기만 하던 근로자도 더 이상 돈을 벌 수 없게 되었답니다. 아끼기만 하다가 모든 사람이 가난해진 거예요.

이런 일이 실제로 간단하게 일어나지는 않지만, 이 이야기는 소비가 경제에 있어서 중요한 역할을 한다는 것을 보여 주고 있어요.

하지만 아무리 소비가 중요하다고 해도 무턱대고 물건을 사고 돈을 쓰는 것 역시 바른 태도는 아니에요. 자신의 소득 수준에 맞추어 현명하고 바르게 소비해야 한다는 것을 기억하세요.

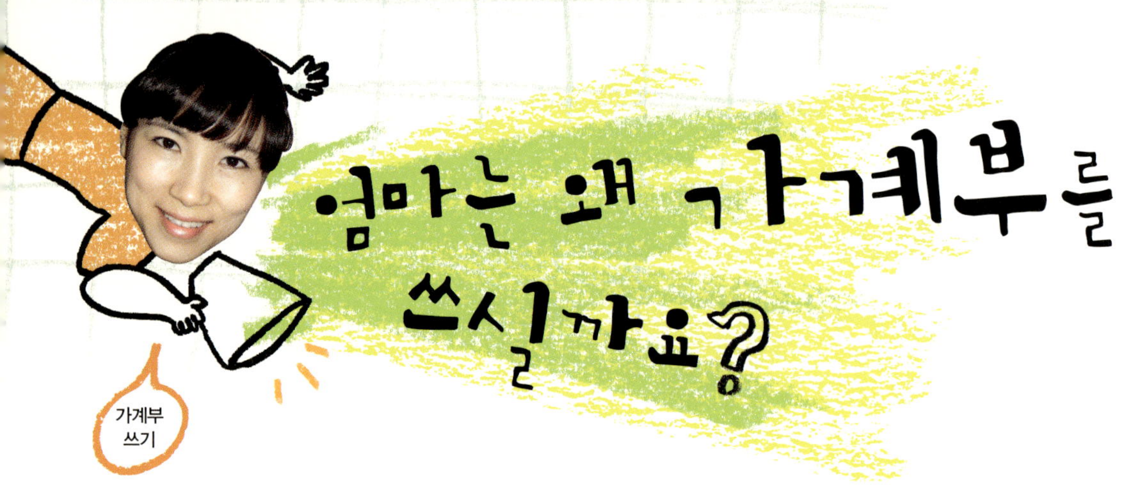

가계부는 가족들이 번 돈과 쓴 돈을 기록하는 장부예요. 가족들이 열심히 일해서 벌어 오는 돈을 '소득' 또는 '수입'이라 하고, 가족들이 함께 쓰는 돈은 '소비' 또는 '지출'이라고 하는데 이 모두를 기록하는 것이 가계부랍니다. 여러분에게도 엄마와 같은 가계부가 있을 거예요. 바로 용돈 기입장이지요. 용돈 기입장은 우리가 부모님께 받은 용돈과 쓴 돈을 적는다는 뜻에서 가계부와 같은 역할을 한다고 할 수 있어요.

하지만 매일매일 번 돈과 쓴 돈을 꾸준히 기록하는 일이 쉽지만은 않아요. 번거롭고 귀찮을 뿐만 아니라

하루 이틀 빠뜨리다 보면 어디에 돈을 썼는지 기억도 잘 나지 않지요. 그래도 알뜰한 경제생활을 하는 사람들은 꼭 가계부를 써야 한다고 말해요.

또 잘못된 소비도 반성하고 새는 돈을 막아 절약도 할 수 있지요. 다음 달에 우리 가족에게 필요한 돈이 얼마인지 예상할 수 있어서 계획적인 소비를 할 수 있고요.

우리 가족이 평소에 생활하는 데 필요한 돈을 알면 그에 맞춰 예산(돈을 쓰는 계획)을 세울 수 있고 미래를 위한 저축도 계획할 수 있지요. 가계부는 우리가 알뜰한 경제생활을 할 수 있도록 도와주는 훌륭한 도구예요.

Tip

옛날에는 책처럼 생긴 종이 가계부를 썼지만 요즘에는 인터넷 가계부를 많이 써요. 인터넷상에서 쓰는 가계부는 기록이 편리할 뿐만 아니라 수입과 지출을 쉽게 계산할 수 있고 어떤 항목에 주로 돈을 쓰는지, 정기적인 지출에는 어떤 것이 있는지 통계를 내서 보여 주기도 해요. 또 같은 인터넷 가계부를 쓰는 사람들끼리 서로의 가정생활이나 경제에 대한 정보를 교환하기도 하지요.

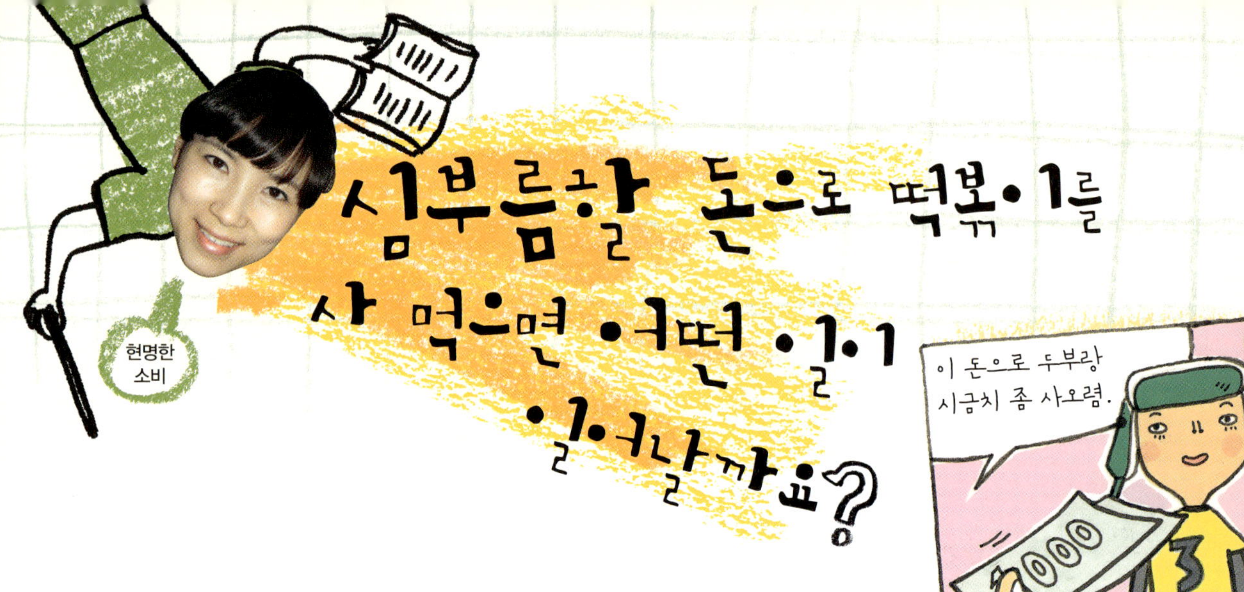

만화 속의 친구처럼 심부름할 돈으로 떡볶이

를 사 먹는다면 어떻게 될까요? 엄마에게 엄청나게 혼나겠

지요. 이런 모습은 현명하지 못한 소비의 한 예예요.

가정이나 개인의 소득은 희소하기 때문에 대부분 그에 맞춰 어디에 어

떻게 써야 될지 정해져 있는데도, 기분 내키는 대로 돈을 쓰는 사람들이

있어요. 이렇게 계획성 없고 어리석은 소비는 나중에 후회를 남겨요. 가끔

뉴스에 나오는 신용 불량자는 어리석은 소비 때문에 고통받는 사람의 대

표적인 경우예요. 옛말에 '버는 자랑하지 말고 쓰는 자랑해라'라는 말이 있

어요. 현명한 소비를 강조하는 말이에요. 현명하게 소비를 했으면 그런 일

이 생기지 않았을 텐데, 정말 안타까워요.

첫째, 소비 계획을 잘 세워야 해요. 집이나 자동차를 사기 위해 큰돈을 마련할 때에만 계획을 세울 것이 아니라 연필 하나, 공책 한 권을 살 때에도 소비 계획을 세우고 이에 맞춰야 해요. 싸다고 혹은 가지고 싶다고 무턱대고 돈을 쓰면 정작 돈이 필요할 때 쓸 돈이 없게 돼요.

둘째, 아껴서 사용해야 해요. 새것을 사는 것도 좋지만 가지고 있는 물건을 다시 한 번 손질해서 사용하거나 아껴서 사용하는 생활의 지혜를 발휘해야 해요.

셋째, 광고에 속지 말아야 해요. 광고는 사람들이 물건을 사게끔 유혹해요. 광고 속 물건을 사고 싶도록 만드는 것이 광고의 목적이거든요. 광고에 속지 않고 물건의 품질과 기능을 보고 좋은 물건을 골라 사는 게 현명한 소비랍니다.

신용 불량자 은행에서 많은 돈을 빌린 뒤 갚지 못한 사람을 말해요.

기분 좋은 소비란 무엇일까요?

경제가 잘 돌아가려면 소비가 잘 이루어져야 한다고 했어요.

그런데 이왕 소비하는 것, 싸면서도 기분이 좋아지는 소비를 하는 것은 어떨까요?

싸면서도 기분 좋아지는 소비가 어떤 소비인데요?

바로 아나바다 장터나 아름다운 가게, 직거래 장터 같은 곳을 이용하는 '나누는 소비'랍니다.

아나바다 장터는 물건을 아끼고, 나누고, 바꾸고, 다시 쓰기 위한 장터예요. 아나바다 장터에 참여하는 사람들은 자기에게 더 이상 필요 없는 물건 가운데 쓸 만한 것을 싼 가격에 팔아요. 또 다른 사람이 파는 물건 가운데 필요한 물건을 싼 가격에 사요. 이 장터에서는 사는 사람과 파는 사람 모두 이익을 볼 수 있지요.

또 다른 하나는 아름다운 가게, 기분 좋은 가게예요. 아름다운 가게와 기분 좋은 가게는 사람들에게 물건을 기증받아서 잘 다듬은 다음 싼 가격

아껴 쓰고 나눠 쓰고 바꿔 쓰고 다시 쓰기

으로 파는 곳입니다. 이렇게 번 돈으로 어려운 이웃을 돕지요. 기증한 사람은 자신에게 필요 없는 물건을 함께 나눠서 좋고, 사는 사람은 필요한 물건을 싸게 살 수 있을 뿐만 아니라 남을 돕는 기쁨을 누릴 수 있답니다.

직거래 장터를 이용하는 것도 좋은 방법이에요. 직거래 장터는 물건을 만들거나 재배한 사람이 직접 판매하는 장터로 물건의 품질을 믿을 수 있을 뿐만 아니라 가격도 싸요. 소비자는 싸게 사서 좋고 생산자는 제값을 받을 수 있어서 좋지요. 이처럼 우리 주위에는 소비를 하면서 나눔과 기쁨을 함께 경험할 수 있는 곳이 많답니다.

유통 기한이 지난 빵을 샀을 때에는 어떻게 해야 하나요?

유통 기한이 지난 식품이나 유통 과정에서 망가진 제품을 샀을 때에는 일단 그 물건을 구입한 곳에 가서 교환(다른 새 제품으로 바꾸는 것)이나 환불(돈을 돌려받는 것)해 달라고 해야 해요. 제품을 구입한 곳에 갈 때에는 잘못된 제품을 샀다는 것을 증명할 만한 영수증이나 포장지 같은 것을 가져

가야 하지요. 그런데 구입한 곳에서 여러 가지 핑계를 대면서 교환이나 환불이 안 된다고 하면 어떻게 해야 할까요? 그럴 때에는 그 제품을 만든 회사에 연락해서 교환이나 환불해 달라고 해야 해요. 유통 기한이 지난 빵을 먹고 배탈이 났다면 치료비 등을 보상해 달라고 할 수도 있어요.

하지만 모든 회사가 잘못을 인정하고 교환이나 환불, 보상을 해 주는 건 아니에요. 회사가 잘못한 게 맞는데도 인정하지 않는다면 소비자는 정말 답답하고 억울하지요.

소중한 돈으로 산 제품이 잘못 만들어지거나 잘못 관리된 것일 때에는 꼭 선생님이 알려 준 대로 꼭 교환이나 환불, 보상을 받아야 해요. 그것이 우리 소비자의 권리이니까요.

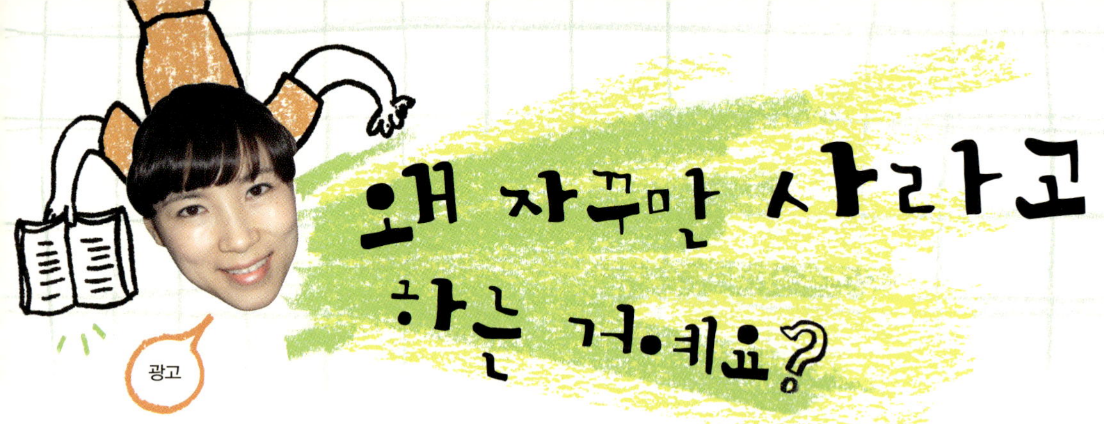

왜 자꾸만 사라고 하는 거예요?

텔레비전, 신문, 인터넷, 길거리, 버스 정류장, 전단지. 우리는 매일매일 광고의 홍수 속에서 살고 있어요. 많은 기업들이 끊임없이 자신들의 제품과 서비스를 광고하면서 우리에게 사라고 말하지요.

기업은 광고를 통해 소비자에게 자신의 제품과 서비스에 대한 정보와 이미지를 심으려고 노력하지요. 광고를 본 소비자가 지갑을 연다면 기업 입장에서 그 광고는 성공한 광고랍니다. 하지만 사람들은 광고를 보고 가지고 있는 물건을 또 사기도 하고, 물건의 품질이나 가격보다는 광고에서 받은 강한 이미지 때문에 물건을 사기도 해요. 너무 많은 광고와 기업의 욕심 때문에 소비자는 잘못된 소비를 하게 돼요. 더 나아가 소중한 자원이 낭비되고 환경이 오염되는 일까지 생기게 되지요.

그래서 1992년 캐나다의 한 광고인이 '아무것도 사지 않는 날'을 만들었어요. 하루 동안 아무것도 사지 않으면서 우리의 소비 생활을 돌아보고 환경의 소중함을 깨닫는 거예요. 우리나라에서도 1999년부터 한 시민 단체를 중심으로 이 행사를 하고 있어요. 매년 11월 마지막 주이니까 올해부터는 온 가족이 함께 행사에 참여해 보는 것도 좋을 것 같아요.

광고는 소비자와 생산자가 좋은 제품으로 만날 수 있게 이어 주고 경제가 발전하도록 돕는다는 장점도 있지만, 소비자의 잘못된 소비를 부추기고 무리한 생산으로 자원 낭비와 환경오염을 일으킨다는 단점도 있어요. 광고의 장점만을 쏙쏙 받아들여 현명하게 소비하는 게 좋겠지요?

저축은 왜 해야 하나요?

저축의 중요성

미리 배운 내용을 복습해 놔야 시험 기간에 덜 힘들다는 준비. 공부는 시험을 앞두고 벼락치기로 해야 한다는 낭비. 여러분은 준비와 낭비 가운데 누구의 말이 옳다고 생각하나요? 아마 대부분의 어린이가 준비의 말이 옳다고 생각할 거예요. 우리 경제생활에도 준비가 필요해요. 그것이 바로 '저축'이랍니다.

살다 보면 큰돈이 들어가야 하는 일이 많아요. 집이나 차는 필요하기는 하지만 가격이 매우 비싸서 사고 싶을 때 바로 사기가 어려워요. 그래서 사람들은 차나 집을 사기 위해 목표와 계획을 세우고 그에 맞게 저축해요. 또 자녀가 대학에 들어갈 때를 대비하거나, 나이가 들어 더 이상 돈을 벌 수 없을 때를 대비해서 저축을 하기도 해요.

또 큰 병에 걸렸을 때에도 저축해 놓은 돈이 필요해요. 치료를 받으려면 많은 돈이 필요한데, 저축해 놓은 돈이 하나도 없다면 몸이 아파도 치료를 받을 수 없겠지요. 이 밖에도 큰돈이 필요한 일은 수없이 생기기 때문에 우리는 꼭 저축을 해야 한답니다.

Tip

은행에 저축할 경우 각 은행마다 다양하게 준비되어 있는 '어린이 저축 통장'을 이용하면 좋아요. 어린이 저축 통장은 18세 이하의 청소년이 가입하는 통장이에요. 매달 일정한 금액을 넣어서 돈을 모을 수 있게 되어 있어요. 어린이 저축 통장에 가입하면 무료로 보험에 가입시켜 주기도 하고, 인터넷 교육 사이트를 이용할 때 할인 혜택을 주기도 해요.

어디에 저축을 하는 것이 좋을까요?

"땅그랑 한 푼, 땅그랑 두 푼. 벙어리 저금통이 아이고 무거워. 하하하하 우리는 착한 어린이. 아껴 쓰고 저축하는 알뜰한 어린이."

이 노래는 돼지 저금통에 저축하는 어린이의 모습을 나타낸 노래예요. 돼지 저금통에 저축을 하면 저금통 속에 꾸준히 돈이 모여요. 저금통을 이용하면 돈이 생기는 즉시 저축할 수 있고 돈이 모이는 것을 바로바로 확인할 수 있는 장점이 있지요. 꼭 저금통이 아니라 서랍 속 나만의 비밀 창고에 돈을 모아도 마찬가지랍니다.

하지만 단점도 있어요. 돼지 저금통 속에는 딱 우리가 넣은 만큼만 돈이 들어 있다는 거예요. 돼지 저금통은 요술 상자가 아니니까 우리가 넣은 만큼만 돈이 들어 있는 것은 당연해요. 그런데 은행은 그렇지 않답니다.

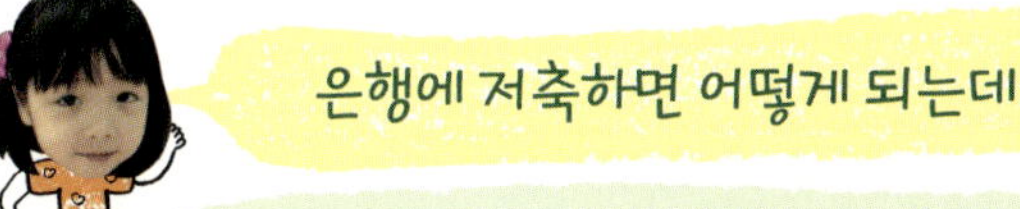

은행은 우리가 저축한 돈에다가 '이자'라는 돈을 덧붙여 주지요.
우리가 저축한 돈보다 더 많은 돈을 준다니 요술 상자가 따로 없어요.
또 돼지 저금통이나 서랍 속 비밀 창고는 아무리 조심해도 도둑맞을 위험이 있다는
단점이 있어요. 하지만 은행에 저축을 하면 불안해할 필요가 없어요.
내가 저축한 돈을 튼튼한 금고 속에 넣어 보관해 주거든요. 은행에 저축한 뒤
통장을 잘 보관한다면 소중한 돈을 잃어버릴 걱정은 하지 않아도 돼요.
또 저축한 돈이 필요할 때에는 언제든지 은행에 가서 찾을 수도 있어요.

자, 이제 여러분은 어느 곳에 저축을 할 건가요? 이리저리 생각해 봐도
돼지 저금통보다는 은행에 저축하는 것이 좀 더 좋은 방법인 것 같지 않
나요?

은행은 어떤 일을 하는 곳인가요?

길을 걷다 보면 많은 은행을 볼 수 있어요. 그뿐인가요. 은행이 어떤 곳인지 궁금해서 들어가 보면 더욱더 놀라게 돼요. 은행 안이 사람들로 가득 차 있거든요. 승한이도 돼지 저금통에 모은 돈을 은행에 저축하려고 갔다가 깜짝 놀랐답니다.

도대체 은행은 어떤 일을 하는 곳이길래 사람이 이렇게 많은 걸까요?

일단 은행은 하는 일에 따라 크게 중앙은행과 일반 은행으로 나눌 수 있어요.

먼저 중앙은행이 하는 일부터 알아보기로 해요. 우리나라의 중앙은행은 '한국은행'이에요. 한국은행이 하는 가장 중요한 일은 화폐 발행이에요. 우리가 사용하는 지폐와 동전은 모두 한국은행에서 발행된 거예요. 한국은행에서 발행한 것이 아닌 화폐는 모두 가짜라서 사용할 수 없어요.

한국은행이 하는 두 번째 일은 바로 일반 은행을 위한 은행, 정부의 은행 역할이랍니다. 우리는 일반 은행에 저축을 하거나 대출을 받고, 일반

은행들은 한국은행에 저축을 하고 대출을 받아요. 또 일반 은행에 돈이 없을 때에는 한국은행이 긴급 자금을 지원하기도 하지요. 정부의 은행 역할도 마찬가지예요. 국민들이 내는 세금을 일반 은행이 대신 받아서 한국은행에 내면, 한국은행은 세금을 모았다가 정부가 필요로 할 때 내주어요. 또 정부가 급하게 돈을 필요로 할 때 돈을 빌려 주기도 해요.

한국은행이 하는 세 번째 일은 우리나라의 돈의 양을 조절하는 역할이에요. 돈은 흔해지면 가치가 떨어지고 귀해지면 가치가 올라가기 때문에 우리 생활에 영향을 미쳐요. 그래서 한국은행은 나라 안팎의 경제 상황을 연구해서 우리나라 전체에 쓰이는 화폐의 양을 조절하는 일을 한답니다.

그 밖에도 한국은행에서는 우리나라가 가지고 있는 외환 보유액을 관리하기도 하고 모든 경제 상황에 대한 조사와 통계 업무를 하고 있어요.

또 어린이, 청소년, 일반인을 대상으로 경제 교육을 해서 모든 국민이 합리적인 경제생활을 할 수 있도록 돕고 있지요.

이번에는 일반 은행이 하는 일을 알아볼까요?

은행이 하는 첫 번째 일은 '예금 업무'예요. 은행은 돈을 저축해 두었다가 필요할 때 찾을 수 있는 곳이에요. 우리가 저축한 돈이나 기업이 저축한 돈을 모아서 보관하다가, 달라고 할 때 이자와 함께 돌려주지요.

은행은 돈을 모아서 보관만 하는 게 아니라 돈이 필요한 사람에게 빌려주는 일도 해요. 돈이 남는 사람과 부족한 사람을 이어 주는 다리 역할을 하는 거예요. 이것이 바로 은행이 하는 일 두 번째, '대출 업무'랍니다. 우리가 은행에 저축을 하면 이자를 받을 수 있는 것도 바로 대출 업무 덕분이에요. 은행은 우리가 저축한 돈을 모았다가 돈이 필요한 기업이나 사람에게 이자를 받고 빌려 주는데, 그렇게 받은 이자를 저축한 우리에게도 조금 나누어 준답니다. 은행에서 대출을 받은 사람도 대가로 이자를 내긴 하지만 급하게 돈이 필요할 때 도움을 받을 수 있으니 서로에게 좋은 일이 되는 것이지요.

은행이 하는 세 번째 일은 '환업무'입니다. 멀리 떨어져 있는 사람끼리 직접 돈을 주고받으려면 시간과 비용이 많이 들어요. 하지만 은행 업무가 되는 곳이라면 어디든지 온라인상으로 돈을 주고받을 수 있어요.

외환 보유액 다른 나라에 돈을 갚을 때 쓸 돈을 말해요.
과태료 해야 할 일을 하지 않은 사람에게 벌로 물게 하는 돈을 말해요.

그 밖에도 은행에서는 나라에 내는 세금이나 등록금, 과태료, 신용 카드와 관련된 업무를 처리하거나 귀금속, 보석, 중요한 서류 등을 보관해 주는 일도 해요. 또 지폐와 동전을 교환해 주기도 하고 우리나라 화폐를 다른 나라 화폐로 바꿔 주기도 하지요.

중앙은행과 일반 은행이 하는 일은 정말 많아요. 은행은 우리가 하는 소비 활동과 함께 경제생활 곳곳에 돈이 힘차게 흐를 수 있도록 돕는 기관이랍니다. 이제 은행이 왜 이렇게 많은지, 은행마다 사람은 왜 이리 많은지 이해할 수 있겠지요?

Tip

특수 은행도 있어요. 특수 은행은 은행의 한 종류로 일반 은행과는 달리 특별한 업무를 함께 수행하는 은행이에요. 특수 은행에서는 은행의 목적에 맞는 특별한 조건을 가진 사람이 돈을 맡기면 이자를 더 주고, 돈을 빌려 줄 때에도 이자를 덜 받아요. 농민을 위한 '농협', 어민을 위한 '수협', 작은 기업들을 위한 '중소기업 은행', 우리나라의 산업을 발전시키기 위한 '한국 산업 은행' 등이 특수 은행에 속해요. 한국은행은 중앙은행이면서 특수 은행이기도 해요.

은행에서 다루는 저축의 종류는 여러 가지예요. 저축을 하는 목적, 기간, 금액과 이자, 얼마나 자유롭게 돈을 넣고 뺄 수 있느냐에 따라 저축의 종류가 나뉘어요.

저축에는 언제든지 원할 때 저축한 돈을 찾을 수 있는 '요구불 예금'과 정해진 기간을 채워야만 이자와 함께 저축한 돈을 찾을 수 있는 '저축성 예금'이 있어요. 요구불 예금과 저축성 예금에는 다양한 종류가 있지만 선생님은 이 가운데 보통 예금, 정기 적금, 정기 예금에 대해 알아볼 거예요. 보통 예금은 자신이 원할 때 저축하고 필요할 때 돈을 찾아 쓸 수 있는 저축으로 요구불 예금에 속해요. 돈을 안전하게 보관하는 게 목적이기 때문에 이자가 매우 적어요. 앞에서 은행에서는 돈이 필요한 기업이나 사람에게 우리가 저축한 돈을 빌려 준다고 했던 것 기억하지요? 그러려면 은

행에는 늘 안정적으로 돈이 있이 있어야 해요. 그런데 보통 예금은 저축을 한 사람이 언제든지 돈을 넣고 찾을 수 있으므로 은행 입장에서는 안정적이지 못하니까 이자를 조금 준답니다.

정기 적금과 정기 예금은 저축성 예금이에요. 저축성 예금은 돈을 모으기 위한 목적으로 가입하는 것이에요. 정기 적금은 기한과 목표액을 정해 두고 매달 같은 금액을 저축하는 것이고, 정기 예금은 한 번에 큰 금액의 돈을 정해진 기한 동안 저축해 놓는 것이지요. 둘 다 저축을 하는 기한을 정해 두었기 때문에 은행 입장에서는 안정적인 돈이므로 요구불 예금에 비해 이자를 많이 주지요. 하지만 정해진 기한이 되기 전까지는 마음대로 찾아 쓸 수 없어요. 또 급하게 돈이 필요한 상황이 생겨서 기한을 채우지 못하고 돈을 찾으면 이자를 거의 받지 못한다는 단점도 있답니다.

은행과 비슷한 일을 하는 곳은 어디예요?

저런, 현석이에게 정말 큰일이 생겼군요. 그래도 치료를 잘 받아서 회복만 기다리면 된다니 참 다행이에요. 게다가 수술비도 보험 회사에서 모두 준다고 하니까 현석이는 정말 좋겠어요.

그런데 보험 회사에서 현석이가 예쁘니까 수술비를 공짜로 준 걸까요? 당연히 아니지요. 현석이가 보험 회사에서 수술비를 받을 수 있었던 것은 현석이 어머니가 가입해 둔 보험 덕분이었답니다.

보험은 만약에 있을지 모르는 경제적인 어려움이나 위험에 대비해서 가입하는 거예요. 병에 걸리거나 집에 불이 나거나 교통사고가 났을 때 보험금을 받을 수 있어요. 보험 회사는 이러한 보험을 관리하는 곳이에요. 뿐만 아니라 보험 회사에서는 사람들이 낸 보험료를 다른 곳에 투자하거나 대출해 주어서 돈을 벌기도 해요.

은행에 대해 소개할 때 은행이 돈이 넉넉한 사람과 필요한 사람을 이어 주는 다리 역할을 한다고 했던 것 기억하나요? 보험 회사가 하는 일도 은행과 비슷해요.

이름도 어렵고 하는 일도 다양하지만, 금융 기관들의 한 가지 공통점은 돈이 많든 적든 경제 활동을 하는 모든 사람과 기업에게 돈을 이용할 수 있는 기회를 준다는 거예요. 따라서 금융 기관을 이용할 때에는 자신의 경제 상황에 맞는 곳을 잘 선택해서 현명하게 이용해야 한답니다.

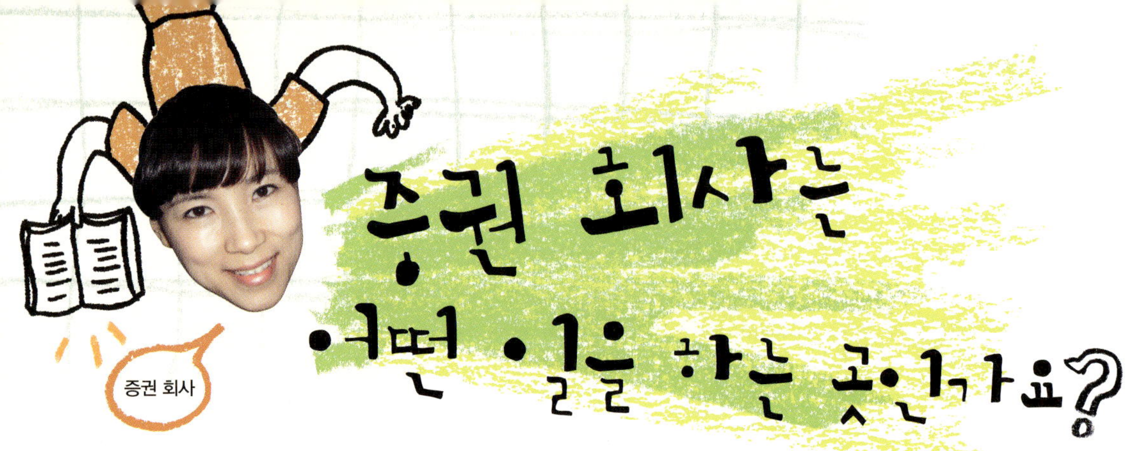

증권 회사는 어떤 일을 하는 곳인가요?

보험 회사에 대해서는 앞에서 살펴보았어요. 이번에는 증권 회사에 대해 알아보기로 해요.

증권 회사에 대해 이해하려면 먼저 주식에 관해 알아야 한답니다. '주식'은 일정한 자격을 갖춘 어떤 기업에 투자한 투자자들이 가지는 권리이자 의무라고 할 수 있어요. 기업을 세우려면 많은 돈이 드는데 대부분의 사람은 혼자 힘으로 기업을 세울 수 없어요. 그래서 투자자를 모으지요. 투자자들은 기업을 세우려는 사람에게 돈을 투자하고 대신 투자한 돈만큼 그 회사에 대한 권리·의무를 가지는데, 이것이 바로 주식이에요.

또 투자자들의 주식으로 세워진 기업을 '주식 회사', 기업의 주식을 가장 많이 가진 사람을 '대주주', 조금씩 가진 사람들을 '소액 주주'라고 한답니다. 기업 경영이 성공하느냐 실패하느냐에 따라 주식의 가치가 올라가기도 하고 내려가기도 하기 때문에 투자자들은 기업 경영진에 대해 관심이 매우 많아요. 그래서 기업 경영진이 경영을 제대로 하지 못할 때에는 주주

끼리 힘을 모아 새 경영진을 뽑기도 하고 경영을 잘하는 경영진에게는 힘을 실어 주기도 하지요. 기업이 성공하면 투자자는 큰 이익을 볼 수 있지만, 기업이 문을 닫게 되면 그 기업의 주식은 아무 쓸모가 없어져요. 따라서 투자를 할 때에는 반드시 신중하게 생각해야 합니다.

증권 회사는 바로 이 주식 회사의 주식을 사고파는 일을 돕고 일을 도운 대가(수수료)를 받는 곳이에요. 주식을 사고파는 복잡한 일을 대신 해 주는 것이지요. 또 주식 회사의 주식 관련 업무를 대신 관리해 주는 일도 해요. 여러 사람으로부터 자금을 모아 이익을 낼 수 있는 일에 투자를 하기도 하지요. 여러분의 부모님이 가입한 펀드도 증권 회사에서 사람들의 자금을 모아 투자하는 상품 가운데 하나랍니다.

이 밖에도 증권 회사는 상담을 통해 투자자들의 투자 결정을 도와주고, 인터넷을 이용한 온라인으로도 주식을 거래할 수 있게 도와주고 있어요.

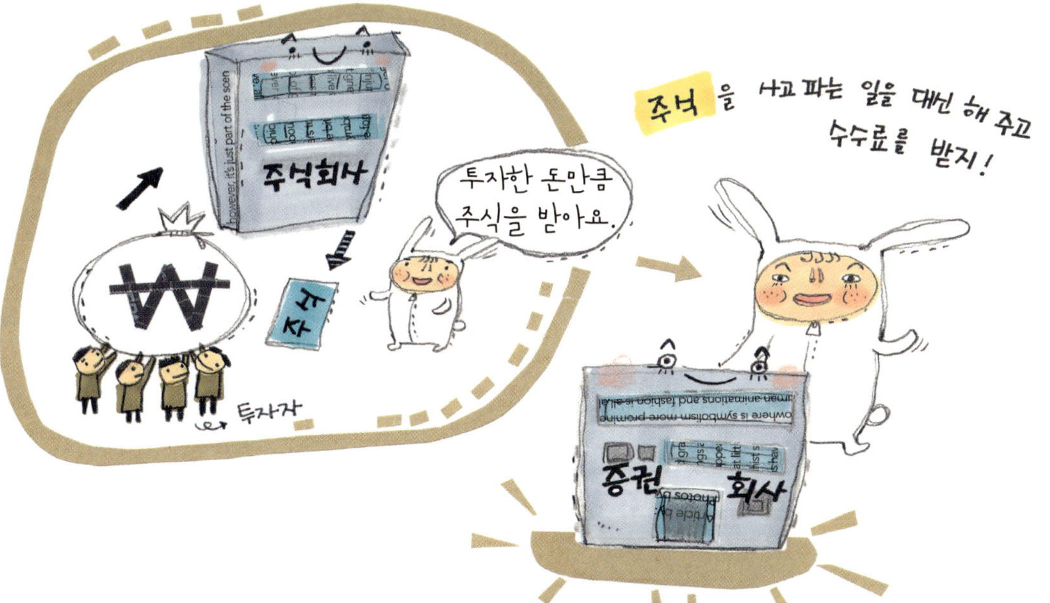

그라민 은행을 알고 있나요?

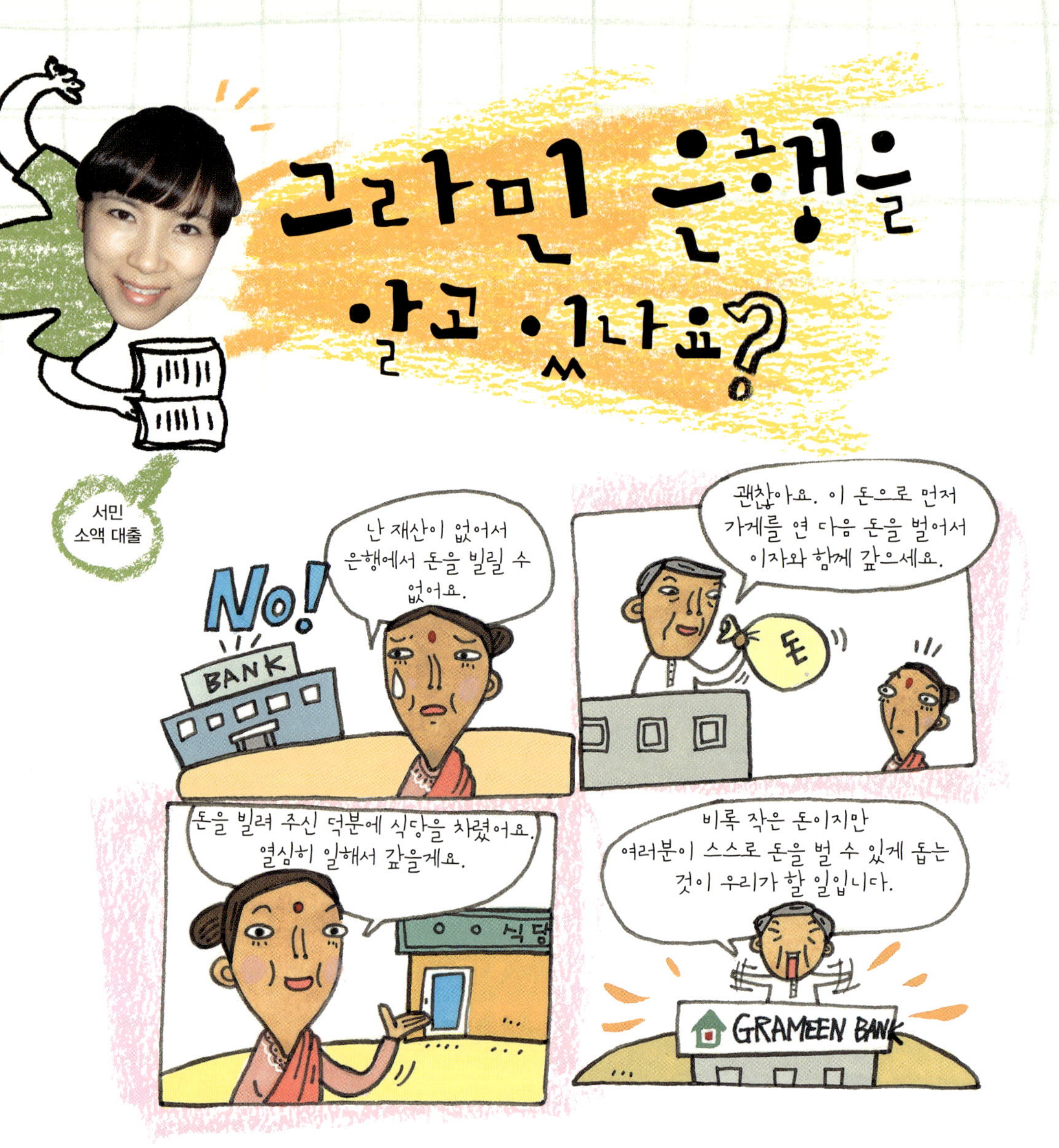

돈이 필요할 때 원하는 만큼 대출받는 것은 생각만큼 쉽지 않아요. 돈을 갚을 수 있는 능력에 따라 대출받을 수 있는 금액이 달라질 뿐만 아니라 아예 대출을 받을 수 없는 사람도 있어요. 은행 입장에서는 돈을 빌려 주고 못 받으면 안 되니까 아무에게나 대출해 줄 수 없지요. 하지만 대출을 받을 수 없는 사람들은 무얼 하려고 해도 돈이 없으니 막막할 뿐이에요.

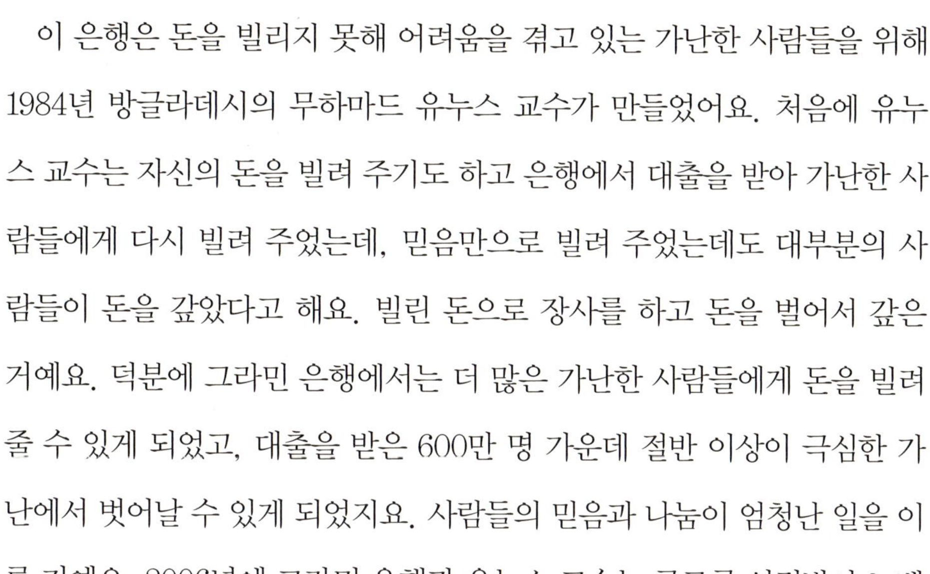

이 은행은 돈을 빌리지 못해 어려움을 겪고 있는 가난한 사람들을 위해 1984년 방글라데시의 무하마드 유누스 교수가 만들었어요. 처음에 유누스 교수는 자신의 돈을 빌려 주기도 하고 은행에서 대출을 받아 가난한 사람들에게 다시 빌려 주었는데, 믿음만으로 빌려 주었는데도 대부분의 사람들이 돈을 갚았다고 해요. 빌린 돈으로 장사를 하고 돈을 벌어서 갚은 거예요. 덕분에 그라민 은행에서는 더 많은 가난한 사람들에게 돈을 빌려 줄 수 있게 되었고, 대출을 받은 600만 명 가운데 절반 이상이 극심한 가난에서 벗어날 수 있게 되었지요. 사람들의 믿음과 나눔이 엄청난 일을 이룬 거예요. 2006년에 그라민 은행과 유누스 교수는 공로를 인정받아 노벨 평화상을 받았답니다.

우리나라에도 그라민 은행처럼 가난해서 대출받기 어려운 사람들을 위한 '미소 금융 재단'이 세워졌어요. 미소 금융 재단은 대기업과 은행의 기부금 등을 모아서 더 이상 돈을 빌릴 수 없는 처지에 놓인 사람들에게 돈을 빌려 주고 있어요. 경제적으로 어려움에 처한 사람들이 다시 경제 활동을 할 수 있도록 기회를 주는 착한 은행이랍니다.

 교과서와 함께 공부해요.

- **2학년 2학기**_4.물건도 여행을 해요
  5.가게에 가요
- **3학년 1학기**_1.우리 고장의 모습_3)고장 사람들이 하는 일
  2.고장의 자랑_4)고장을 대표하는 것
- **3학년 2학기**_1.고장 생활의 중심지_2)사람들이 모이는 곳
  1.고장 생활의 중심지_3)우리 고장과 이웃 고장
- **4학년 1학기**_1.우리 지역의 자연 환경과 생활 모습_3)우리 지역의 생활 모습
- **5학년 1학기**_2.우리가 사는 지역_2)촌락 지역의 생활
- **5학년 2학기**_1.우리나라의 경제 성장_1)우리나라 경제생활의 특징
  2.정보화 시대의 생활과 산업_1)정보화 시대의 생활

협업과 분업, 산업의 종류, 시장의 역할 등 좀 더 넓은 범위의 경제 개념에 대해 알아보아요.

4장
마을의 경제

사람들은 가족을 이루고, 이웃을 사귀며, 마을을 이루고, 나라를 만들어 함께 살면서 경제생활을 해요. 오늘날 대부분의 사람들은 서로 힘을 합쳐 물건을 만들기도 하고, 살고 있는 지역에 따라 다르게 생산되는 물건을 서로 교환하면서 함께 어울려 경제생활을 하지요.

선생님의 고향은 충청북도 제천이에요. 그곳에서는 설에 떡국보다 만둣

국을 해 먹기 때문에 명절이 되면 온 가족이 둘러앉아 만두를 빚는답니다. 만두를 빚으려면 일단 만두 속 재료인 만두소를 준비하고, 밀가루를 반죽해 동그란 새알심을 만든 다음 밀대로 밀어 만두피를 만들어야 해요. 만두피가 준비되면 만두소를 넣고 예쁘게 모양을 잡아 줘야 하지요.

어머니가 거실 가운데 만두 재료를 준비해 놓으시면 선생님과 사촌들은 만두를 빚기 위해 그 둘레에 빙 둘러앉았어요. 어마어마한 만두소와 반죽 양에 한숨을 쉬면, 아버지가 제안을 하곤 하셨어요.

"정해진 시간 안에 가장 많은 만두를 빚는 사람에게 용돈을 주겠다. 단, 만두는 적당한 크기여야 하고 터지지 않아야 해."

아버지의 말씀이 끝나자마자 우리는 손이 보이지 않을 만큼 빠른 속도로 만두를 빚기 시작했어요. 너무 크거나 터진 것은 빚은 개수에서 뺀다고 하셨으니 예쁘게 빚는 것은 기본이고, 다른 사람보다 빨리 빚기 위해 저마다 집중하니 만두의 개수는 빠른 속도로 늘었지요. 이것이 바로 '협업'이에요.

협업을 해서 만두를 빚게 되면 다른 사람이 만두를 얼마나 빚었나 보면서 하나라도 더 빨리 빚으려고 노력하고, 다른 사람이 빚은 만두 모양을 보며 내 만두의 모양을 살피게 되지요.

하지만 이런 협업에도 단점이 있어요. 모든 사람이 하나의 물건을 만드는 과정을 다 알아야 하고 책임져야 하는 문제가 있지요. 잘하지 못하는 과정이 있을 때에는 생산을 하는 데 문제가 생길 수도 있어요. 그래서 사람들은 다른 방법을 찾기 시작했어요. 오랜 궁리 끝에 찾은 방법이 바로 '분업'이에요.

다시 만두 빚는 이야기를 해 볼까요? 만두를 빚으려면 먼저 만두소를 만들어야 해요. 밀가루 반죽도 준비해야 하지요. 협업에서는 여기까지 재료가 준비되면 각자 만두를 빚어요. 하지만 분업은 조금 달라요. 선생님과 사촌들은 만두 빚기를 여러 단계로 나눈 다음에 반죽으로 새알심을 만드는 사람, 새알심을 만두피로 만드는 사람, 만두소를 넣어 만두를 빚는 사람, 만두를 정리하는 사람으로 나누었지요. 그렇게 단계를 나눈 뒤 각자 맡은 일만 하게 되니 속도가 붙기 시작해서 협업을 할 때보다 완성된 만두의 양이 빠른 속도로 늘어났지요. 이게 바로 분업이에요.

분업을 하면 생산에 참여하는 사람 모두 자신의 단계만 충실히 해도 훌륭한 제품을 완성할 수 있어요. 자신의 생산 단계만 반복하니까 숙달되어 생산 속도가 빨라져요. 처음부터 끝까지 혼자 생산하는 것보다 더 많이 생산할 수 있지요. 짧은 시간에 물건을 더 빨리, 더 많이 만들 수 있는 거예요. 분업은 적은 노동력과 시간, 노력으로 많이 생산할 수 있어서 정말 경제적인 생산 방법이에요.

하지만 분업이 꼭 좋은 것만은 아니에요. 분업을 하면 자기가 맡은 생산 단계에 대해서는 능숙하지만 다른 사람이 맡은 단계에 대해서는 전혀 모를 수도 있어요. 혼자서는 물건을 만드는 것이 불가능해지는 것이지요. 또 매일 같은 일만 하기 때문에 쉽게 흥미를 잃을 수도 있고, 기계처럼 수동적으로 일하게 될 수도 있답니다.

"밖에서 더 싸게 살 수 있는 물건은 절대로 집에서 만들 필요가 없다."

이 말은 영국의 경제학자 애덤 스미스가 쓴 《국부론》이라는 책에 나오는 말이에요. 애덤 스미스는 생산에 있어서 분업의 중요성을 강조했어요. 적은 노동력으로도 많은 물건을 생산할 수 있기 때문에 생산성이 높은 분업을 해야 한다고 주장했지요.

'생산성'은 생산에 사용한 노동력과 생산한 양을 비교하는 것인데, 노동력에 비해 생산한 양이 많을 때 생산성이 높다고 해요. 분업을 하면 자신의 단계에 능숙한 사람들이 일을 하기 때문에 적은 노동력으로 물건을 빠르고 쉽게 만들 수 있어요.

양복 재단사의 생각처럼 다른 조건이 같을 때 더 쉽게 빨리 만들 수 있는 사람이 구두를 만들면 가격이 쌀 테니 굳이 집에서 만들 필요가 없어요. 자기가 쉽게 생산할 수 있는 양복을 만들어 팔고, 구두를 싸게 사서 신으면 되지요. 생산성을 높이기 위한 방법이 하나 더 있는데 바로 '특화'예요.

양복 재단사는 양복 만드는 기술을, 구두를 만드는 사람은 구두 기술을 특화하고, 필요할 때 그 생산물을 서로 교환하는 것이지요. 양복과 구두, 이 두 가지가 모두 필요하다고 해서 다 만들려고 할 필요 없이 각 분야에서 특화된 능력을 가진 사람이 잘 만들 수 있는 것을 생산하면 되는 거예요. 각자 특화된 분야를 더욱 발전시키고 서로 나누어 가짐으로써 좀 더 풍요롭고 안정된 경제생활을 할 수 있답니다.

우리 마을에서는 어떤 물건이 나나요?

선생님은 차에 있는 교통 지도, 사회과 부도 속의 우리나라 전도나 세계 지도, 기차역에 있는 주변 거리 지도를 보는 것을 좋아해요.

선생님이 가장 좋아하는 지도는 우리나라 곳곳의 특산물이 표시된 지도랍니다.

'특산물'은 어느 지역에서 생산되는 물건 가운데 다른 지역보다 품질이 좋거나 그 지역에서만 생산되는 물건을 가리켜요. 특산물 지도를 자세히 들여다보면 지역마다 생산되는 특산물이 다르다는 것을 알 수 있어요. 지역마다 자연 환경이 다르기 때문이지요.

특산물은 마을이나 지역의 자연 환경, 생산 기술 등에 따라 생산물을 특화한 거예요. 말린 오징어를 생각해 보세요. 오징어는 동해에서 많이 잡히지요. 그렇기 때문에 말린 오징어는 동해에 있는 강릉이나 주문진 지역의 특산물이 되었어요.

다른 지역들도 마찬가지예요. 덥고 추울 때의 온도 차이가 많이 나야 맛이 좋아지는 사과는 그런 기후인 대구나 경북 지역에서 특화해서 생산하고 있어요. 차가운 날씨와 맑은 공기, 목초가 많은 횡성에서는 한우를 특화해서 생산하고 있고요. 기름지고 드넓은 들판이 있는 강화도에서는 쌀을 특화해서 생산하고 있답니다.

이렇게 각 지역마다 생산물을 특화하면, 많은 사람들이 특화된 생산물을 만들거나 사고파는 일에 참여하면서 특산물의 질과 양이 더욱 발전하게 되지요.

지역마다 특산물을 생산하게 되면 모든 지역의 사람들이 우수한 품질의 물건을 함께 쓰게 돼요. 산에 사는 사람이 오징어를 말리거나 바닷가에 사는 사람이 송이버섯을 캘 필요 없이, 그 지역에 주어진 자연 환경에 맞게 생산해 서로 교환해서 함께 쓰는 것이지요.
이것이야말로 누이 좋고 매부 좋은 일이라고 할 수 있어요.

산업은 어떻게 나뉘나요?

우리 생활을 풍요롭게 하기 위한 재화와 용역을 생산하는 것을 '산업'이라고 해요.

우리 생활에 필요한 물건이 다양한 만큼 산업의 종류도 무척이나 다양해요. 이렇게 다양한 산업들은 서로 공통점을 가지고 있어서 기준에 따라 나눌 수 있답니다. 여러 경제학자들이 산업을 나누는 방법을 이야기했지만 영국의 경제학자 클라크의 분류 방식이 사람들에게 가장 인정받았어요. 클라크는 생산되는 재화와 용역의 종류에 따라 산업을 1·2·3차 산업으로 나누었어요.

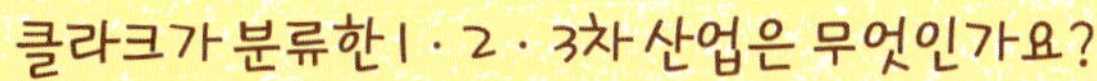

클라크는 사회나 국가의 산업이 발전할수록 3차 산업이 가장 발달하고 그 다음은 2차 산업, 그 다음은 1차 산업의 차례로 발달한다고 했어요. 그래서 어떤 산업이 발달했느냐에 따라 사회나 국가의 발전 수준을 판단할 수 있답니다.

경제적으로 고른 성장을 위해서는 모든 산업이 골고루 성장하는 것이 중요해요. 1차 산업과 2차 산업에서 일하는 사람이 충분히 돈을 벌고 써야 3차 산업이 발달하고, 3차 산업이 발달해야 1·2차 산업에서 생산된 물건이 팔리기 때문이에요. 이처럼 우리 경제는 톱니바퀴처럼 서로 밀접하게 관련되어 있어요.

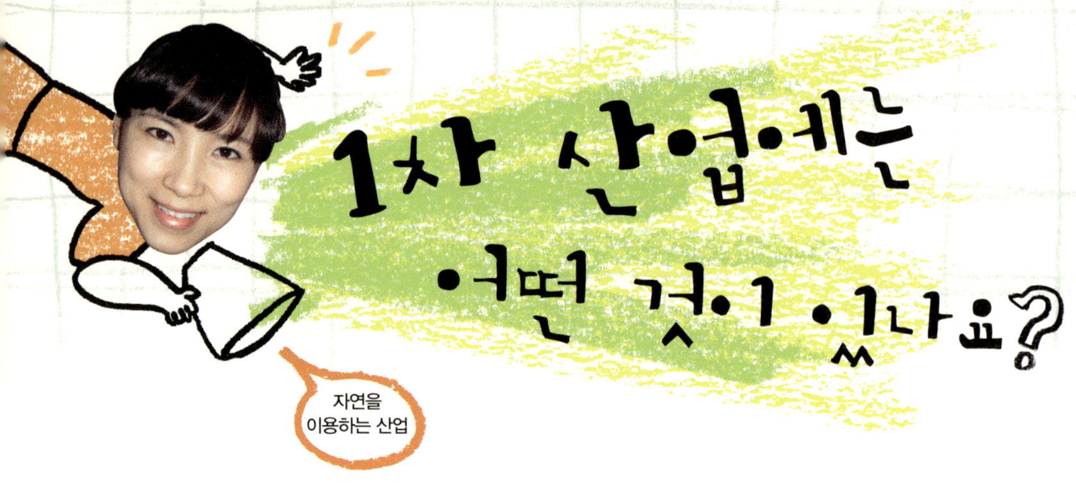

1차 산업은 자연을 이용해서 생산을 하는 활동을 말해요. 선생님은 '자연' 하면 넓게 펼쳐진 들, 높고 푸른 산, 깊고 넓은 바다가 생각나요. 들과 산, 바다는 우리에게 편안한 휴식처가 될 뿐만 아니라 훌륭한 산업의 터전이 되기도 해요.

농업은 들에 씨앗이나 모종, 나무를 심고 길러 수확을 하는 일이에요. 우리 식탁에 오르는 모든 곡식과 채소를 생산하는 것이지요. 농부들은 논이나 밭에 씨앗을 뿌리고 오랜 시간 노력과 정성을 들여 배추, 무, 쌀, 사과, 고추, 토마토 등 많은 농산물을 길러내요. 축산업은 소, 돼지, 닭, 염소, 토끼 같은 가축을 기르는 일이에요. 축산업을 통해 사람들은 가축으로부터 젖이나 고기를 얻는답니다.

산을 이용해서 임산물을 생산하는 산업은 임업이에요. 임업에 종사하는 사람들은 산에서 나는 나물이나 약초, 버섯을 따기도 하고, 벌을 쳐서 꿀을 생산하거나 직접 나무를 베는 일을 하기도 해요. 임업을 하려면 산에 나무가 있어야 하기 때문에 열심히 나무를 심고 산림 자원을 보호하는 일에도 노력을 기울이지요.

수산업은 바다, 호수, 강에서 수산물을 생산하는 산업이에요. 우리나라는 국토의 세 면이 바다로 둘러싸여 있어서 옛날부터 어업에 종사하는 사람이 많았답니다. 직접 배를 타고 바다로 나가 생선을 잡기도 하고 양식장에서 생선이나 김, 미역 등을 기르기도 하고 갯벌에서 조개나 낙지 등을 잡기도 해요.

사람들은 1차 산업 없이는 단 하루도 살 수 없어요. 먹고사는 일과 직접적인 관련이 있기 때문이에요. 그래서 사람들은 '자연은 우리가 노력하고 정성을 들인 만큼만 생산물을 내준다'라는 것을 알고 열심히 일을 하지요.

모종 옮겨 심으려고 가꾼, 벼 이외의 온갖 어린 식물을 뜻해요.

2차 산업에는 어떤 것이 있나요?

1차 산업으로 생산된 생산물들은 그 자체만으로도 가치와 쓸모가 많아요. 다양한 농수산물은 배고픔을 해결해 주고, 임업으로 생산된 나무는 따뜻한 집을 짓는 재료가 되지요. 하지만 우리 생활에 필요한 모든 것을 자연 안에서 다 얻을 수는 없답니다. 그래서 사람들은 자신이 가진 기술로 새로운 재화를 만드는데, 이런 생산 활동을 2차 산업이라고 해요.

2차 산업에 해당되는 생산 활동은 정말 많답니다. 하나하나 살펴볼까요? 광업은 1차 산업만큼이나 사람들이 오랫동안 일해 온 산업이에요. 사람들이 땅속에서 캐내는 지하자원의 종류와 쓰임은 매우 다양해요. 석유·석탄 등은 연료로, 구리·철·납·아연 등은 공업용 원료로, 금·은·다이아몬드 등은 보석으로 이용되고 있지요.

건축업은 건물을 짓거나 도로와 공원 등을 만드는 것과 관련된 모든 활동을 가리켜요.

공업은 1차 산업에서 생산된 원료를 공장에서 가공해서 새로운 재화를 생산하는 일이에요. 농부가 땀 흘려 생산한 쌀로 즉석 밥을 만들고 인삼을 이용해 초콜릿을 만들지요. 나무를 이용해서 연필이나 책상을 만들기도 하고 동물의 가죽으로 튼튼한 가방도 만들어요. 공업에는 이처럼 간단한 재화를 생산하는 일부터 자동차, 배, 컴퓨터, 비행기 등을 만드는 것까지 모두 포함된답니다.

생산되는 재화의 종류가 매우 많기 때문에 어떤 재화를 생산하느냐에 따라 공업은 여러 가지로 나뉜답니다.

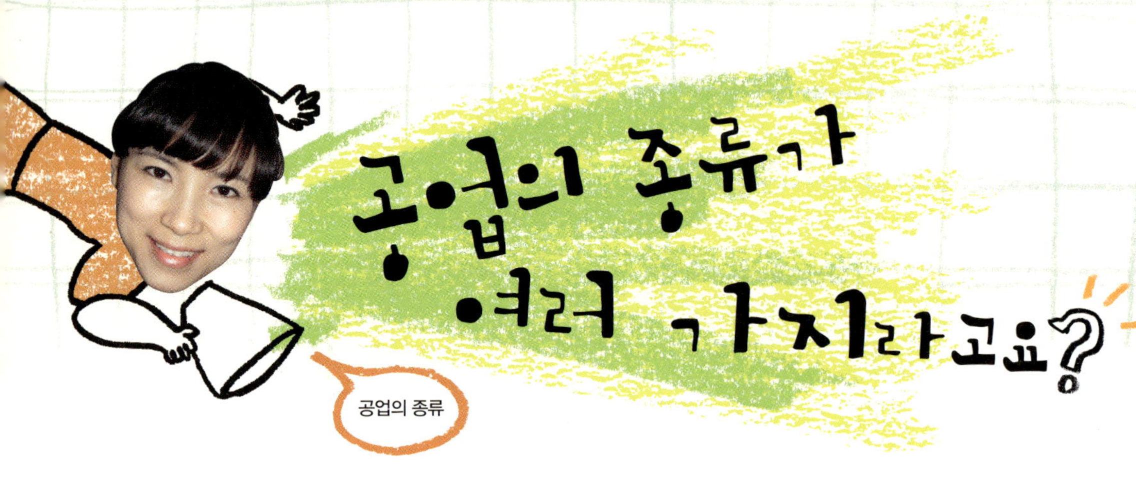

공업은 1차 산업에서 생산되는 재화를 제외한 대부분의 재화를 생산하는 일이에요. 공업의 종류는 매우 다양해요.

공업의 종류에는 어떤 것들이 있나요?

공업은 생산되는 재화의 종류, 공장의 규모, 필요한 기술의 정도 등에 따라 가내 수공업, 경공업, 중화학 공업, 첨단 산업으로 나눌 수 있어요.

가내 수공업은 가장 작은 규모의 공업이에요. 공장에서 많은 양을 생산해 내는 것이 아니라 가정에서 간단한 도구와 기술, 노동력을 이용해서 재화를 생산하지요. 어떤 재화를 만드는 데 특별한 기술이 있는 사람이 자신의 집에서 가족이나 기술을 배우고 싶어 하는 사람과 함께 일을 하는 거예요. 산업이 처음 발달하던 시기에는 가내 수공업으로 재화를 생산하는 일이 많았지만 요즘은 그 수가 줄어들었어요. 공장의 기계보다 생산성이 떨어지기 때문이에요. 전통적인 방식과 고유한 기술로 제품을 생산하는 가내 수공업은 아직까지 이어지고 있어요. 우리나라의 대표적인 가내 수공업 제품으로는 한지, 모시, 화문석, 유기, 전통 술, 전통 악기 등이 있어요.

 지금 선생님 방 안에 켜 놓은 가습기, 물을 마시기 위한 유리컵, 맛있는 과자, 편하게 입고 있는 바지, 앉아서 일할 수 있는 책상과 의자, 책상 위에 놓인 시계, 글을 쓰기 위한 연필과 지우개. 이 모든 것이 경공업으로 생산되는 재화들이지요. 경공업은 공장을 세우고 기계를 갖추는 데 자본이 덜 들고, 재화를 생산하기 위한 기술이 비교적 단순하기 때문에 산업의 발달 수준이 낮은 국가에서 많이 볼 수 있답니다.

중화학 공업은 중공업과 화학 공업 모두를 가리켜요.

경공업의 '경(輕)'이 '가볍다'라는 의미로 비교적 가벼운 제품들을 생산하는 산업이라면 중공업의 '중(重)'은 '무겁다'라는 의미로 제법 무게가 나가는 제품들을 생산해요. 자동차, 배, 기계 등이 중공업에서 생산되는 제품이지요. 이런 제품들을 생산하려면 큰 공장과 높은 수준의 기술도 필요해요. 자동차를 생산한다고 생각해 보세요. 자동차 한 대를 생산하려면 자동차 모양을 디자인하고 철판을 알맞게 자르고 다듬어야 할 뿐만 아니라, 자동차 속에 들어가는 여러 가지 부품도 있어야 하고 바퀴도 달아야 해요. 그러니 연필을 만드는 수준의 기술보다는 더 발전된 기술이 있어야 하지요.

화학 공업은 화학적 원리나 변화를 응용해서 여러 가지 새로운 물질을 만들어 내는 공업을 말해요. 석유를 원료 이외의 다양한 물질로 분리하는 석유 화학을 포함해서 화학 비료, 화학 섬유 공업이 화학 공업에 포함되지요. 예쁜 모양과 색을 쉽게 낼 뿐만 아니라 가볍고 단단해서 생활용품을 만드는 데 많이 쓰이는 플라스틱, 여러 가지 기능성 옷을 만들 수 있는 화학 섬유, 건물이나 도로에 색을 칠하는 페인트 등이 화학 공업으로 생산되는 제품이에요. 화학 공업 역시 원료와는 다른 새로운 물질을 만드는 공업이기 때문에 높은 수준의 기술이 필요해요.

첨단 산업은 가장 높은 수준의 기술력이 필요한 공업이에요. 정보 통신, 우주 개발, 생명 공학, 극미세 기술 등이 있어요. 지금 우리가 누리고 있는 방송 서비스와 인터넷, 화상 전화 등이 모두 첨단 산업의 결과물이랍니다.

인간의 유전자를 분석하고 질병을 예방·치료하는 일, 새로운 약을 개발하는 일, 농수산물의 품종을 연구해서 생산량을 늘리는 일 모두가 첨단 산업이 담당하고 있는 일이랍니다. 이처럼 첨단 산업은 다른 산업에까지 큰 영향을 미치는 산업이에요.

공업의 종류가 정말 많지요? 공업은 단순히 자연에서 생산물을 얻는 것이 아닌 새로운 생산물을 만들어 내는 가치 있는 일이랍니다. 앞으로는 어떤 공업이 더욱더 발달하고 새롭게 나타날지 정말 기대돼요.

앞에서 다양한 공업에 대해 배웠어요. 공업의 종류는 다양하지만 공장

을 세우고 원료를 가공해서 재화를 생산한다는 점에서는 모두 같았어요.

그러면 재화를 만들기 위한 공장은 어디에 세우는 게 좋을까요?

사람들이 공장을 세우는 장소에는 몇 가지 공통점이 있어요. 공장은 원료를 구하기 쉬운곳, 노동력이 풍부한 곳, 시장이 가까운 곳, 교통이 편리한 곳, 수출과 수입을 하기 좋은 곳에 세워야 한답니다.

첫째, 원료가 생산되는 곳에 공장을 세워야 해요. 농수산물은 신선해야 하므로, 그것을 가공하기 위한 공장은 생산지와 가까운 곳에 있어야 해요. 또한 시멘트는 석회석으로 만드는데, 석회석은 무거워서 옮기는 데 비용이 많이 들어요. 그래서 시멘트 공장은 원료인 석회석이 생산되는 곳에 세워야 해요.

둘째, 사람이 많은 곳에 공장을 세워야 해요. 제품을 생산할 사람도 필요하고 생산된 제품을 살 사람도 필요하니까요. 자동차 공장은 사람이 많은 큰 도시에 있어요. 자동차에 들어가는 부품은 2만~3만 개라고 하는데 그것을 생산하고 조립하려면 많은 사람의 힘이 필요하기 때문이지요. 대부분의 경공업 공장도 제품을 살 사람이 많은 도시 근처에 세운답니다.

셋째, 항구 근처에 공장을 세워야 해요. 석유나 철강 등 외국에서 원료를 수입해야 하는 경우에는 항구 근처에 공장을 세워요. 또 자동차, 배 등 무거운 제품도 옮기느라 돈과 시간을 들일 것 없이 항구 근처 공장에서 만들어 바로 수출하지요.

넷째, 교통이 발달한 곳에 공장을 세워야 해요. 제품을 전국 곳곳의 시장이나 수출을 위한 항구, 공항으로 옮기려면 교통이 편리해야 해요. 그래서 우리나라의 주요 공업 단지는 교통이 발달한 곳에 만들어졌어요.

지우와 지우 엄마가 새 겨울 점퍼를 사러 갔어요. 옷가게의 점원은 옷을 사려는 사람에게 어울리는 옷을 추천해 주기도 하고, 어떤 섬유로 만들어졌는지, 손질이나 세탁은 어떻게 해야 하는지 설명해 주었어요. 또 맞는 치수의 옷을 찾아 주고 계산 과정을 도와주기도 했지요. 점원 덕분에 지우와 지우 엄마는 마음에 드는 옷을 살 수 있었어요.

옷가게의 점원처럼 직접 제품을 생산하는 것은 아니지만 다른 사람이 사용하는 것을 돕거나 자신의 서비스를 제공하는 일을 '서비스업'이라고 해요. 서비스업은 제품을 생산하는 1차 산업이나 2차 산업과 구별지어서 3차 산업이라고 부른답니다.

3차 산업에는 어떤 것들이 있나요?

선생님의 직업은 초등 교사예요. 학생들에게 어른이 되는 데 필요한 지식과 여러 가지 사회적 능력을 전달해 주는 역할을 하지요. 선생님이 학생들에게 전해 주는 지식과 여러 능력들은 눈에 보이지는 않지만 학생들

의 성장에 도움을 주고 있어요. 눈에 보이지 않는 '배움'을 전해 주는 일을 하는 거예요. 따라서 선생님도 3차 산업인 서비스업에 종사하는 사람이라고 할 수 있답니다.

현대 사회에서 서비스업은 더욱더 다양해지고 있어요. 의사가 환자를 치료하는 일, 고장 난 제품을 고쳐 주는 일, 식당에서 손님에게 음식을 제공하는 일, 손님에게 물건을 파는 일, 이 모두가 3차 산업이랍니다.

사회가 발전함에 따라 사람들이 하는 일이 전문화되고 세분화되어 다른 사람의 도움이 필요해지기 때문에, 3차 산업은 그 사회에서 점점 더 큰 비중을 차지하게 될 거예요.

전문화 어떤 분야에 상당한 지식과 경험을 가지고 오직 그 분야만 연구하거나 맡을 수 있도록 전문적
　　　이 되는 것을 말해요.
세분화 사물이 여러 갈래로 자세히 갈라지는 것을 말해요.

물건은 어디에서 살 수 있나요?

어렸을 적 선생님은 엄마를 따라 시장에 가는 것
을 굉장히 좋아했어요. 늘 사람으로 북적이는 시장에 가면 맛있는 음식,
예쁜 옷, 가지고 싶은 장난감이 정말 많았거든요. 사지 않고 구경만 하더
라도 시장에 가는 일은 늘 재미있었어요.

시장은 어떤 곳이에요?

시장은 다양한 생산 활동으로 생산된 재화와 용역을 사고파는 곳이에요.
우리 경제에서 아주 중요한 역할을 하지요. 시장에는 여러 종류가 있는데 열리는 때,
파는 물건, 공급받는 대상에 따라 다양하게 나누어 볼 수 있어요.

열리는 때에 따라 시장을 나누면 '상설 시장'과 '정기 시장'으로 구분할
수 있어요. '상설 시장'은 매일 열려 있는 시장을 말하는데 주변에서 흔히
볼 수 있는 재래시장이나 대형 마트, 백화점이 여기에 속해요. 상설 시장
은 거의 매일 열리기 때문에 필요한 물건이 있을 때 쉽게 이용할 수 있어

128

요. '정기 시장'은 정해진 특별한 날에만 열리는 시장으로 5일장이 가장 유명해요. 5일장은 5일마다 열리는 시장으로 정선장, 모란장, 횡성장, 화개장 등 지방마다 특색 있는 정기 시장이 있어요.

농산물 시장, 화훼 시장, 의류 시장, 수산물 시장, 한약재 시장, 귀금속 시장 등은 파는 물건에 따라 구분한 시장의 이름이에요. 시장마다 특별한 물건만 전문적으로 팔기 때문에 일반 시장에서 구하기 어려운 물건을 살 때나 전문 상인들이 파는 물건을 사고 싶을 때 이용해요.

도매 시장과 소매 시장은 공급받는 대상에 따라 시장을 나눈 거예요. 도매는 물건을 묶음으로 파는 것을 말하는데, 도매 시장은 소매 시장의 상인이나 많이 구입하는 사람에게 묶음으로 물건을 파는 곳이에요. 소매는 생산자나 도매 상인에게 산 물건을 소비자에게 파는 것으로, 소매 상인들이 모여 있는 곳을 소매 시장이라고 한답니다.

시장에는 항상 사람이 많아요. 도대체 시장이 무엇을 하는 곳이길래 늘 많은 사람들이 모이는 걸까요?

시장에서는 어떤 일을 하나요?

시장은 생산자와 소비자를 이어 주고, 재화와 용역의 가격을 결정하는 곳이에요. 또, 사람들이 문화를 교류하는 곳이기도 하답니다.

첫째, 시장은 생산자와 소비자를 이어 주는 곳이에요. 생산자는 재화와 용역을 만드는 사람이고 소비자는 재화와 용역을 사용할 사람인데, 이들을 이어 주는 사람이 바로 시장의 상인이지요. 생산자와 소비자를 이어 주는 상인들이 없다면, 또 상인들이 모여 있는 시장이 없다면 생산자는 애써서 생산한 물건을 팔 수 없을 테고 소비자는 원하는 물건을 빠르고 쉽게 살 수 없을 거예요. 그만큼 많이 불편해지겠지요.

둘째, 시장은 문화를 교류하는 곳이에요. 옛날에는 지금과 같이 시장이 발달하지 않

았기 때문에 며칠에 한 번씩 서는 정기 시장이 주로 열렸는데, 장날 장터
는 주변 여러 마을의 사람들이 모여 생산물을 교환하고 서로의 안부를 묻
는 만남의 장소가 되었어요. 오늘날 재래시장, 대형 마트, 백화점 등 우리
주변에서 흔히 볼 수 있는 시장에서도 다양한 문화 행사를 열어서 사람들
이 만날 수 있는 장소를 제공한답니다.

 셋째, 시장은 다양한 재화와 용역의 가격을 결정하는 곳이에요. 가격은
물건의 가치를 화폐로 정한 것을 말해요. 물건을 사는 사람은 가격에 따라
돈을 내고 물건을 사지요. 여러분이 만약 물건을 파는 사람이라면 어떤 가
격에 물건을 팔겠어요? 아마 되도록이면 높은 가격에 팔고 싶을 거예요.
반대로 물건을 사는 사람이라면 되도록 낮은 가격에 물건을 사고 싶겠지
요. 시장에 모인 많은 사람들은 좀 더 높은 가격에 물건을 팔고, 좀 더 낮은
가격에 물건을 사기 위해 보이지 않는 줄다리기를 해요. 이 줄다리기에서
누가 이기는가는 때에 따라 달라요. 시장에 나온 물건의 양이나 팔고 사는
사람의 수가 어떻게 되느냐에 따라 달라지지요. 이 세 번째 역할에 대해서
는 다음 장에서 더욱 자세히 알아보도록 해요.

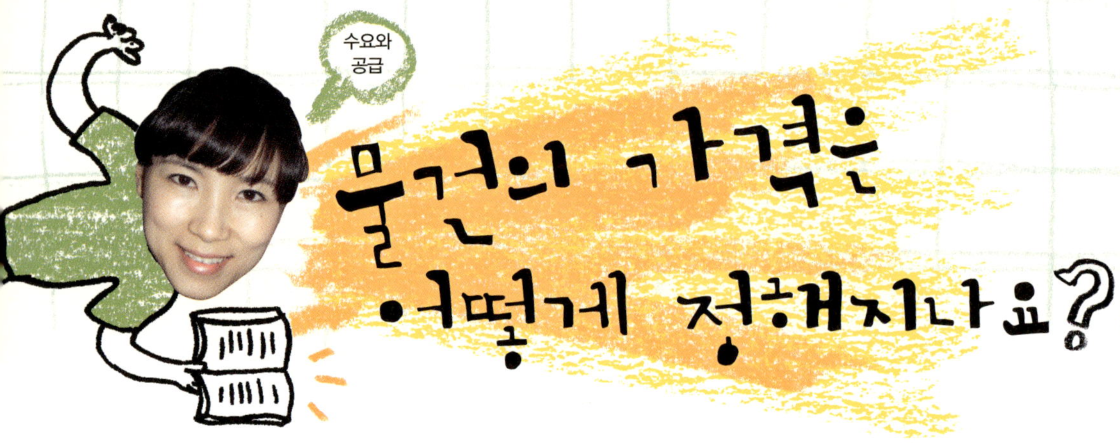

물건의 가격은 어떻게 정해지나요?

참 이상해요. 엊그제까지는 사과 가격이 1천 원이었는데 오늘은 2천 원이라지 뭐예요. 며칠 사이에 가격이 2배로 오르다니, 혹시 과일 가게 주인 아저씨가 마음대로 가격을 올린 것은 아닐까요?

아니에요. 이렇게 가격이 변하는 것은 아주 당연한 일이랍니다. 팔고 사는 사람이 많은지 적은지에 따라 가격은 수시로 바뀌거든요. 시장에 모이는 재화와 용역의 양, 그것을 원하는 사람의 수에 따라 가격을 결정하는 것이 시장의 가장 중요한 역할이에요. '가격 결정'을 하는 것이지요. 가격 결정에 대해 이해하려면 '공급'과 '수요'라는 경제 용어에 대해서 알아야 해요.

 과일 가게에 있는 사과를 예로 들어 이야기해 볼게요. 어느 해에 사과 농사가 풍년이 들자 팔 수 있는 사과의 양(공급량)이 늘어났어요. 공급량이 수요량보다 많기 때문에 수요자 입장에서는 사과를 비싸게 살 필요가 없어졌지요. 그래서 가격이 내려가게 되었어요. 다음 해 여름, 한창 사과가 열릴 때 큰 태풍이 왔어요. 사과나무 가지는 부러졌고 채 익지도 않은 사과들이 땅에 떨어졌어요. 가을이 되어 다행히 피해를 입지 않은 사과를 생산하긴 했지만 전보다 팔 수 있는 사과의 양이 줄어들었어요. 공급량이 수요량보다 적어진 것이지요. 그러자 가격은 올라갔어요.

이렇게 수요와 공급에 따라 적당한 가격이 정해져요. 즉,

시장은 공급과 수요가 모두 모이는 곳이기 때문에 그 변화를 살필 수 있고, 그 결과 재화와 용역의 가격을 결정하는 역할을 하게 된답니다.

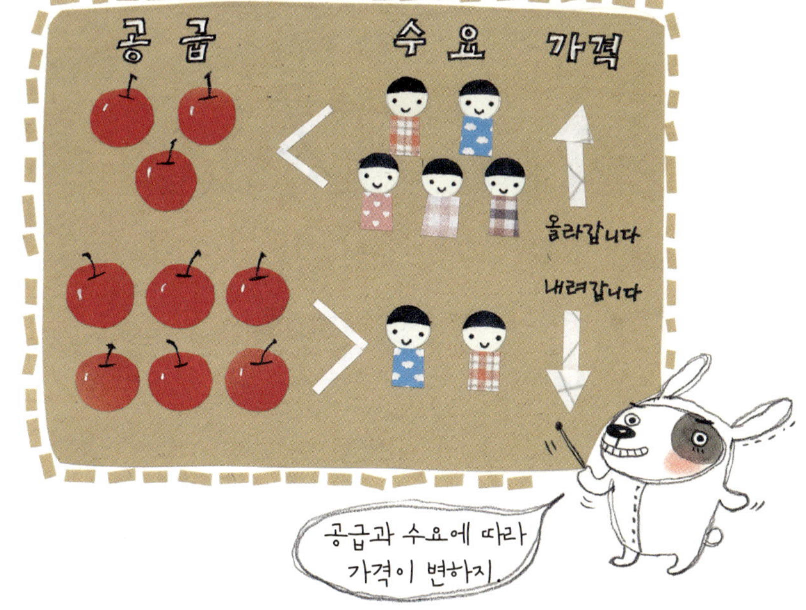

소고기가 비쌀 때에는 무엇을 먹으면 좋을까요?

　　여러분은 '꿩 대신 닭'이라는 속담을 들어 보았나요? '꿩 대신 닭'은 꼭 맞는 것이 없어서 그것과 비슷한 다른 물건으로 대신하는 경우를 가리킬 때 쓰는 말이에요. 옛날에는 새해 첫날 떡국을 끓일 때 꿩 육수를 사용했어요. 꿩은 맛이 좋을 뿐만 아니라 좋은 의미를 가진 새로 여겨졌기 때문이지요. 그런데 추운 겨울에 꿩을 사냥하자니 어렵고 소고기를 넣으려니 너무 비쌌어요. 그래서 꿩 대신 닭을 사용했는데 거기서 '꿩 대신 닭'이라는 속담이 생겼답니다. 여기서 닭을 '대체재'라고 할 수 있어요.

그런데 대체재와는 달리 두 재화가 함께 사용되어야 하는 재화도 있어요. 이것을 '보완재'라고 해요. '보완재'는 어떤 한 재화의 수요가 늘어나면 다른 재화의 수요도 함께 늘어나고, 어떤 한 재화의 공급이 늘어나면 다른 재화의 공급도 함께 늘어나는 관계에 있는 재화를 가리켜요. 상추와 돼지고기, 샤프와 샤프심, 피자와 콜라, 샴푸와 린스 등이 보완재 관계에 있는 재화들이에요.

우리 주변에는 또 어떤 대체재와 보완재가 있을까요? 지금부터 10개씩 생각해 보세요. 시작!

물건은 어떻게 우리 손까지 오나요?

승한이 엄마의 장바구니 속에는 명태, 버섯, 소고기, 사과, 배, 파, 도라지, 식용유, 승한이 옷 등 바다, 산, 들, 공장에서 생산된 다양한 물건들이 들어 있어요. 승한이와 승한이 엄마가 시장에서 산 이 물건들은 전국 각지에서 모인 것들이랍니다. 여러 곳에서 생산된 물건들이 어떻게 시장에 모두 모이게 되었을까요? 장바구니 속 파의 이야기를 들어 보세요.

농부 아저씨가 정성 들여 씨 뿌리고 가꾼 파가 이제 다 자랐어요. 그래서 농부 아저씨는 파를 뽑아 흙을 잘 털어낸 다음 포장용 비닐에 담아요. 포장된 파는 트럭에 실려서 농산물 도매 시장으로 가지요. 농부 아저씨는 파를 농산물 도매 시장의 도매 상인에게 팔아요. 도매 상인은 파나 다른 농산물을 묶음으로 사고파는 사람이에요. 도매 상인은 파를 야채 가게 아저씨 같은 소매 상인에게 다시 팔아요. 파는 소매 상인의 트럭에 실려 야채 가게에 도착한 뒤 가게에 진열되지요. 그때 마침 승한이와 승한이 엄마가 야채 가게에 들렀고, 그 결과 지금 승한이 엄마의 장바구니 안에 파가 들어 있는 거예요. 이렇게 밭에 심겨 있던 파가 승한이 엄마의 장바구니까지 온 과정을 '유통'이라고 해요.

'유통'은 어떤 물건이 생산자에게서 소비자, 수요자에게로 가기까지 이루어지는 활동을 말해요. 대부분의 물건은 생산지에서 도매 시장을 거치고 소매 시장을 지나 소비자나 수요자에게 도착하게 돼요. 이것을 '유통 과정'이라고 해요.

유통 단계를 많이 거치면 거칠수록 물건의 가격은 올라가요. 유통 단계마다 도매 상인, 소매 상인, 트럭 운전사 등 여러 사람의 수고와 노력에 대한 대가를 지불해야 하거든요. 하지만 그 대가를 너무 아까워할 필요는 없어요. 유통 과정에서 수고하는 여러 사람들이 없다면 우리는 원하는 물건을 시장에서 쉽게 구할 수 없을 테니까요.

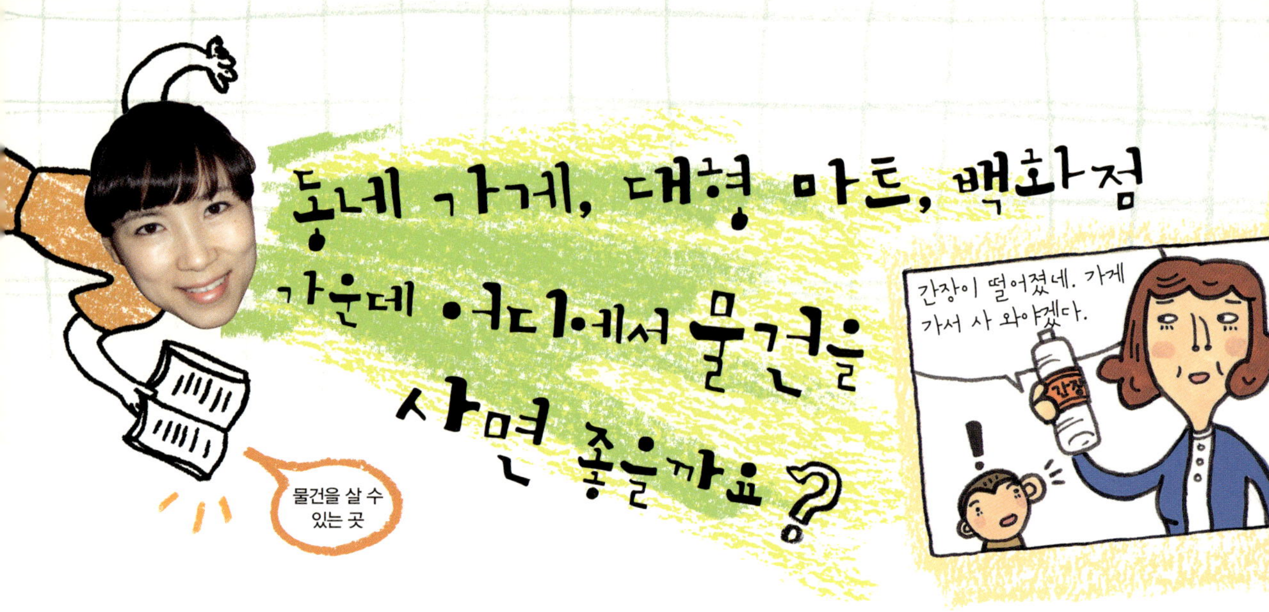

우리 주변에서 물건을 살 수 있는 가장 흔한 곳은 동네나 시장의 가게, 대형 마트, 백화점이에요.

세 군데 가운데에서 어디에서 물건을 사면 좋을까요?

선생님은 필요나 상황에 따라 세 군데 모두 이용해요.
세 군데 모두 나름대로 장점을 가지고 있거든요.

어떤 물건이 필요할 때 가까워서 쉽게 찾을 수 있는 곳은 동네나 시장에 있는 가게입니다. 집 앞에 있는 가게에서는 멀리 갈 필요 없이 사고 싶은 물건을 편리하게 살 수 있어요. 필요한 물건이 있을 때마다 조금씩 사기에 좋지요. 하지만 물건의 종류가 적고 물건의 가격이 비싸다는 단점이 있어요.

대형 마트는 파는 물건의 종류와 양이 매우 많고 물건을 싸게 팔아서 장을 보기에 좋아요. 선생님은 주말에 대형 마트를 찾는데, 선생님 같은 사

람들이 많아서인지 늘 사람들로 북적인답니다. 하지만 대형 마트에서는 낱개보다는 묶음 상품을 많이 팔기 때문에 필요한 양보다 많이 사게 되는 경우가 많아서 조심해야 해요. 그래서 대형 마트에서 물건을 살 때에는 자신에게 필요한 물건이 무엇인지, 얼마나 필요한지 미리 계획을 세우는 것이 좋아요. 먼 곳에 있는 경우가 많고 한꺼번에 많이 사기 때문에 차를 이용해야 한다는 단점도 있어요.

백화점은 대형 마트처럼 파는 물건의 종류와 양이 매우 많아서 한 번에 필요한 물건을 살 수 있는 곳이에요. 또 물건의 품질이 좋은 경우가 많고, 무엇보다 쇼핑 환경이 쾌적하고 손님을 위한 편의 시설이 잘 갖춰져 있다는 장점이 있어요. 하지만 동네 가게나 대형 마트에 비해 물건의 가격이 비쌀 뿐만 아니라 거리가 먼 경우가 많다는 단점이 있답니다.

물건을 살 때 필요에 따라 그 물건을 살 곳을 선택하는 지혜! 우리 모두 발휘해야겠지요?

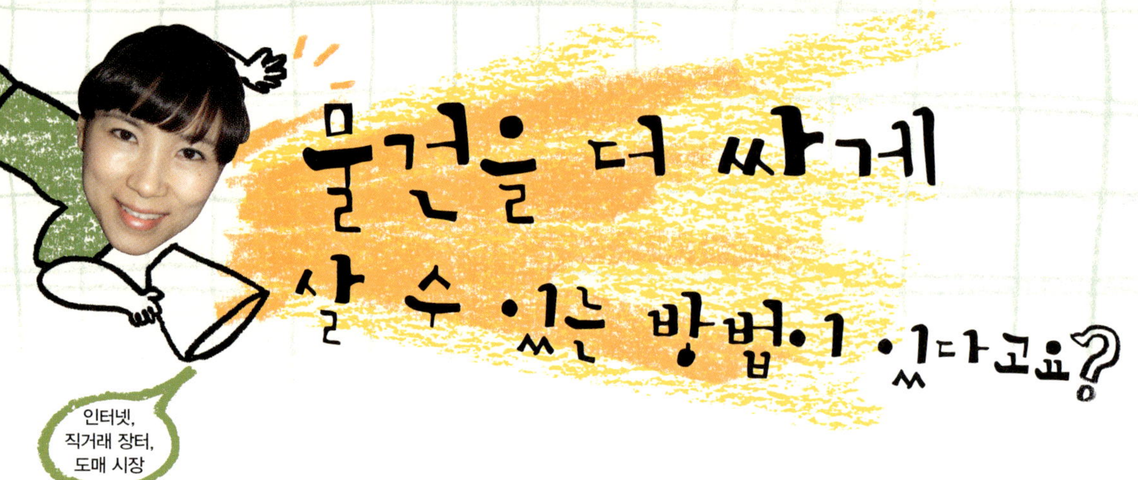

경제 활동의 가장 큰 목표는 돈과 시간, 노력을 효율적으로 이용해서 좋은 결과물을 많이 얻는 것입니다. 재화와 용역을 살 때에도 마찬가지예요. 되도록 적은 대가를 치르면서도 좋은 품질의 재화와 용역을 사기 위해 소비자들은 다양한 노력을 해요.

최근에 사람들이 가장 많이 이용하는 방법은 인터넷으로 구매하는 방법이에요. 우리는 앞에서 유통에 대해서 배웠어요. 유통 과정을 여러 단계 거치면 거칠수록 물건의 가격은 올라갑니다. 도매 상인은 생산자에게 어떤 물건을 생산할 때 든 비용과 수고에 대한 값을 치르고 물건을 사요. 소매 상인은 도매 상인에게서 물건을 살 때, 도매 상인이 생산자에게 준 값에다 도매 상인의 수고비를 더한 값을 치르지요. 또 단계를 거칠 때마다 운반 비용도 치러야 해요. 뿐만 아니라 소비자가 직접 물건을 볼 수 있도록 가게도 열어야 하는데 그 비용도 만만치 않지요. 하지만 인터넷상에서 가게를 운

140

영하는 사람은 생산자나 도매 상인에게서 직접 물건을 사서 파니까 유통 단계를 줄일 수 있고, 눈에 보이는 가게를 차릴 필요가 없기 때문에 물건의 가격을 낮출 수 있어요. 그래서 요즘엔 인터넷상의 쇼핑몰이나 카페 등에서 싸고 좋은 물건을 사는 사람들이 많아요. 하지만 인터넷에서 파는 물건은 직접 만지거나 보고 살 수 없기 때문에 신중하게 구입해야 한답니다.

직거래 장터를 이용할 수도 있어요. 직거래 장터는 물건의 생산자와 소비자를 직접 이어 주는 곳이에요. 생산자는 물건에 대해 제값을 받을 수 있어서 좋고 소비자는 생산자가 보장하는 좋은 물건을 싼 가격에 살 수 있으니 좋아요.

도매 시장을 이용하는 방법도 있어요. 도매 시장에 가 보면 도매 상인이 파는 묶음 상품이 있어요. 어떤 물건이 많이 필요하거나 주변 사람과 함께 물건을 사서 나눠 쓰려고 할 때, 도매 시장의 묶음 상품을 이용하면 돈을 절약할 수 있답니다.

 **교과서와 함께 공부해요.**

- **4학년 1학기**_3.더불어 살아가는 우리 지역_2)교류하며 발전하는 지역
- **4학년 2학기**_1.경제생활과 바람직한 선택_2)생산 활동과 직업의 세계
- **5학년 2학기**_1.우리나라의 경제 성장_1)우리나라 경제생활의 특징
  1.우리나라의 경제 성장_2)세계로 뻗어 가는 우리 경제
- **6학년 2학기**_1.우리나라의 민주 정치_3)국민의 권리와 의무
  2.함께 살아가는 세계_1)변화하는 세계의 여러 나라

자유와 경쟁, 수출과 수입, 자유 무역과 보호 무역 등 우리나라와 세계의
관계 속에서 경제 개념을 배워요.

5장
나라의 경제

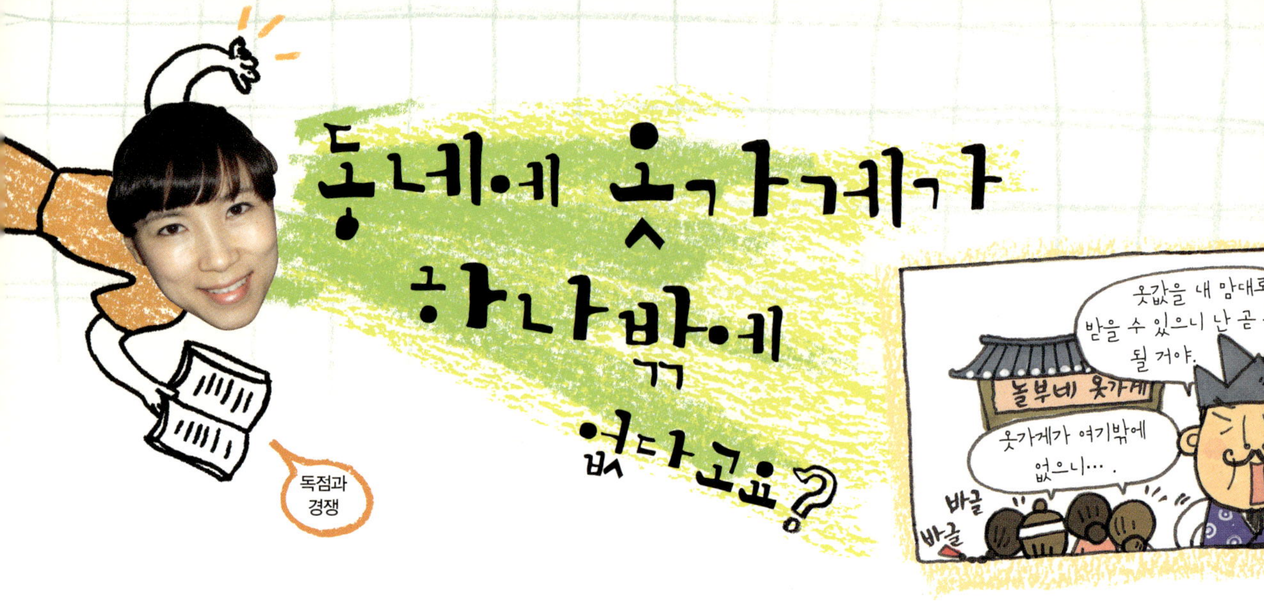

동네에 놀부네 옷가게밖에 없을 때에는 놀부 마음대로 옷값을 받아도 장사가 잘됐어요. 하지만 근처에 좋은 옷을 싸게 파는 옷가게가 생기면서 아무도 놀부네 옷가게를 찾지 않게 되었어요. 마을에 있는 옷가게라고는 놀부네 하나밖에 없는 상황을 '독점'이라고 해요.

이 마을의 옷가게는 놀부네뿐이기 때문에, 즉 놀부네가 독점했기 때문에 옷의 가격을 놀부 마음대로 정할 수 있어요. 서비스도 마찬가지이고 옷의 품질이나 개수도 오직 놀부만이 정할 수 있지요.

가격은 보통 수요와 공급에 따라 정해지지만 독점이 되면 그렇지 않아요. 동네에 옷가게가 놀부네 가게 하나밖에 없는 것처럼 독점 상황이 되

면, 소비자는 물건을 만들거나 파는 사람이 정하는 가격대로 물건을 사야 해요. 그러면 물건의 품질에 비해 가격이 비싸져서 소비자가 피해를 보게 되지요. 대신 그만큼 공급자나 생산자의 이익은 늘어나고요.

그런데 그 옆에 놀부네 옷가게보다 더 싸고 좋은 옷을 파는 흥부네 옷가게가 생겼어요. 이제 소비자들이 옷가게를 선택할 수 있게 된 거예요. 이왕이면 더 싸게 파는 가게에서 디자인이 다양한지, 점원이 친절한지에 따라서 옷을 살 수도 있어요. 놀부네 옷가게와 같은 옷을 파는 가게가 여러 군데 생기면서 놀부네도 다른 가게들과 가격, 품질, 서비스 면에서 경쟁을 하게 되었답니다.

우리나라는 자유로운 경제 활동을 보장하는 나라예요. 따라서 우리 모두 자신에게 허락되는 자유 내에서 다른 사람, 다른 기업과 경쟁하면서 경제적인 이익을 얻을 수 있답니다.

우리의 경제 활동은 자유와 경쟁을 바탕으로 이루어져요. 그래서 우리 주변에는 많은 가게와 기업이 경쟁을 하고, 소비자들은 자유롭게 소비할 수 있지요. 경쟁은 소비자에게만이 아니라 가게와 기업에게도 이롭답니다.

가게와 기업이 경쟁을 하면 어떤 점이 좋은데요?

먼저 기술이 발전해서 경쟁력을 갖추게 돼요. 경쟁자가 생기면 가게와 기업은 손님을 뺏기지 않기 위해 좀 더 싼 물건, 좋은 품질의 제품을 개발하려고 노력해요. 이렇게 하는 것을 경쟁력을 갖춘다고 말해요. 그러면 소비자 입장에서는 같은 가격에 보다 좋은 제품을 살 수 있게 되어서 좋아요. 또 가게와 기업도 물건을 팔 수 있는 시장이 커져서 좋아요. 서로 자기 것을 팔려고 홍보를 많이 하니까 소비자가 늘어나게 되고, 결국 시장의 규모가 커지게 되니까 서로 이득을 보게 되지요.

이런 면에서 볼 때 기업 간의 경쟁은 국가 경제에도 이득을 주어요. 국내 경쟁을 통해 기술을 발전시켜 우수한 제품을 만들어 내게 되고, 이렇게 만들어진 제품이 해외로 수출되니까 외국 돈을 벌 수 있는 것은 물론이고 우리나라에 대한 이미지도 좋아지거든요.

'우물 안 개구리'라는 말을 들어 본 사람이 있을 거예요. 우물 안에 사는 개구리는 자기가 보는 하늘이 전부인 줄 알지만 사실 우물 밖 하늘은 굉장히 넓고 높지요.

경쟁은 우물 안의 개구리를 밖으로 끌어내 더욱 넓고 큰 세상으로 안내해 주는 중요한 역할을 한답니다.

기업은 경쟁에서 이기기 위해 어떤 노력을 하나요?

승한이와 유정이는 세 문구점 가운데 구매 금액의 일정 비율만큼 포인트를 쌓아 주는 문구점을 선택했어요. 포인트가 많이 모이면 학용품으로 바꿀 수 있기 때문이지요.

이 문구점처럼 가게나 기업은 경쟁에서 살아남기 위해서 많은 노력을 하고 있어요.

첫 번째, 가격으로 경쟁해요. 다른 회사보다 더 싸게 물건이나 서비스를 파는 거예요. 선생님 집 앞의 미용실에서는 개업 3주년을 맞아서 모든 파마 가격을 반으로 내렸어요. 가격 경쟁을 통해 손님을 늘린 거예요.

두 번째, 품질로 경쟁해요. 회사는 더 좋은 디자인과 품질과 기능을 가진 제품을 생산하기 위해서 끊임없이 연구·개발을 해요. 소비자들은 자신이 진짜 원하는 제품을 만드는 기업을 선택하거든요.

세 번째, 서비스로 경쟁해요. 친절한 서비스로 소비자들에게 믿음을 주는 거예요. 이러한 기업의 노력은 기업의 이익으로 돌아옵니다.

네 번째, 광고로 경쟁해요. 기업은 자신들의 제품을 텔레비전, 라디오, 인터넷, 신문 등을 통해 널리 알려요. 광고를 하는 데에는 돈이 들지만, 소비자들이 많이 보고 들은 제품을 사게 되면 그 기업은 다른 기업과의 경쟁에서 이기게 돼요.

이렇게 다양한 방법을 통해 가게와 기업은 경쟁에서 이기기 위해 노력해요. 그 과정에서 더욱 튼튼한 경쟁력을 갖추게 된답니다.

가게나 기업이 다른 경쟁자들을 이기기 위해 노력을 하는 이유는 무엇일까요? 그래요, 바로 이윤을 얻기 위해서예요. '이윤'은 기업이 제품을 팔아 번 돈에서 제품을 만드는 데 든 비용을 뺀 나머지를 말해요. 이윤이 생겨야 경영자나 근로자가 소득을 가져갈 수 있고, 기업도 다시 회사에 투자할 수 있지요. 그러니까 기업 입장에서는 많은 이윤을 남기는 것이 매우 중요해요. 그래서 기업은 좀 더 능력 있고 일 잘하는 사람을 원하지요. 기업들은 좋은 조건을 제시하며 근로자를 모으고, 사람들도 경쟁의 원칙에 따라 조건이 좋은 기업에 들어가려고 해요.

그런데 모든 사람이 우수해서 노력하는 만큼 결과를 얻을 수 있다면 좋겠지만 사회에는 매우 다양한 사람들이 있어요. 기업이 무조건 경쟁력 있는 사람을 찾다 보면 사회적, 경제적으로 능력이 부족한 사람들은 소외되기 쉽지요. 그래서 '사회적 기업'이 생겨났답니다.

빵을 팔기 위해 근로자를 고용하는 것이 아니라 근로자를 고용하려고 빵을 파는 기업을 만든답니다. 좋은 일을 하면서 이윤을 남기는 거예요. 또 이윤을 얻으면 다시 그 지역 사회나 사람들에게 투자해서 지역 주민의 삶을 풍요롭게 하기도 해요. 돈도 벌고 좋은 일도 하는 기업이라고 생각할 수 있어요.

장애인들이 유명한 제빵사에게 기술을 배워 빵을 만들어 파는 가게, 가난한 사람이나 거동이 불편한 노인들에게 돌봄 서비스를 제공하는 기업, 끼니를 굶는 아동이나 혼자 사는 외로운 노인에게 무료 급식을 만들어 배달하는 기업 등 현재 우리나라에는 노동부에서 인증한 266개의 사회적 기업이 운영되고 있답니다. 앞으로도 노동부에서는 다양한 지원을 통해 사회적 기업을 더욱 늘려 갈 것이라고 해요.

우리나라는 자유 민주주의를 추구하는 나라예요. 따라서 경제 활동에서도 자유와 경쟁이 매우 중요해요. 자유는 무엇에 얽매이지 않고 자기 마음대로 할 수 있는 상태이고, 경쟁은 어떤 목적에 대해 서로 이기거나 가지려고 겨루는 상태를 말해요.

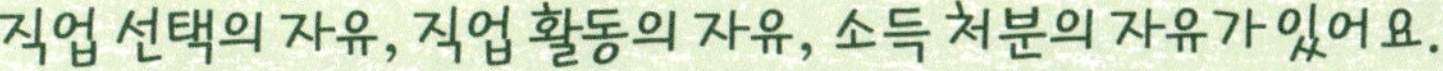

먼저 직업 선택의 자유가 있어요. 직업은 어른이 되었을 때 안정적인 소득을 얻기 위해서라도 꼭 필요해요. 어떤 직업을 가지고 사회생활을 하며 돈을 벌 것인지 자신의 의지에 따라 결정하는 것이 직업 선택의 자유예요.

직업 활동의 자유도 있어요. 자신이 하는 일을 좀 더 잘하려고 노력할 수 있도록 보장하는 것을 말해요. 요리사가 좀 더 맛있는 요리를 개발하거나 가게의 진열장을 좀 더 세련되게 꾸밈으로써 자신의 이익을 추구하는 것은 개인의 자유랍니다.

마지막은 소득 처분의 자유예요. 직업 활동을 해서 얻은 돈이나 재산을 자신이 필요할 때 쓸 수 있어요. 또는 소득을 모아서 재산을 만들 수도 있어요. 소득 내에서 원하는 만큼 자유롭게 쓰고 저축할 수 있지요.

하지만 자유는 경쟁을 가져와요. 모든 사람들이 원하는 직업을 가지기 위해 경쟁하고 좀 더 많은 돈을 벌기 위해 경쟁을 하지요. 또 같은 종류의 제품을 파는 사람들은 다른 사람보다 좀 더 많이 팔고 좀 더 많이 벌기 위해 경쟁을 하기도 해요.

하지만 자유와 경쟁은 공공에게 피해를 주지 않는 범위에서 이루어져야 해요. 누군가 개인의 경제적인 이익을 위해서 다른 사람에게 피해를 줄 때에는 나라가 나서서 제재하지요.

우리 모두는 한 국가의 국민으로서 세금을 내고 있어요. 우리가 느끼지 못할 뿐이지 초등학생뿐만 아니라 아주 작은 아기들도 때에 따라서는 세금을 내고 있지요.

첫 번째, 국가가 국민을 보호하고 나라 살림을 하려면 세금이 필요해요. 도로, 수도, 치안, 교육 서비스와 같은 국가의 기반 시설은 국가에서 제공하지요. 이것이 없다면 자유롭게 경제 활동을 할 수 없어요. 그런데 국가가 이처럼 기반 시설을 만들고 우리를 보호하려면 돈이 필요하기 때문에 국가의 살림살이를 위한 돈, 세금을 내는 거예요. 가정에서 엄마나 아빠의 소득으로 살림을 하듯이 국가에서는 세금으로 살림을 하거든요.

두 번째, 세금은 빈부 차이를 줄이는 효과를 내요. 돈을 많이 번 사람은

154

세금을 많이 내고 조금 번 사람은 세금을 조금 내지요. 국가가 제공하는 시설과 다양한 서비스를 이용하는 것은 부자나 가난한 사람이나 비슷하지만, 이왕이면 좀 더 돈이 많은 사람이 세금을 더 냄으로써 함께 잘 사는 사회를 만드는 것이지요.

만약 우리가 세금을 내지 않는다면 어떤 일이 일어날까요? 국민의 세금으로 유지되는 초등학교도 사라질 테고 경찰이 국민의 재산을 보호해 주지 못하니 도둑이 들끓을 수도 있어요. 또 군대가 사라져 다른 나라에게 침략을 받을 수도 있겠지요. 현재 우리가 살고 있는 사회는 국가의 보호 아래 발전되고 있는 것인 만큼, 우리 모두는 국민의 한 사람으로서 성실하게 세금을 내야 한답니다.

지금까지 우리가 세금을 왜 내야 하는지 알아보았어요.

국가는 우리가 낸 세금을 어디에 사용하고 있나요?

국가는 국민을 보호하고 돕는 등 나라 살림을 하는 데 세금을 쓴답니다.

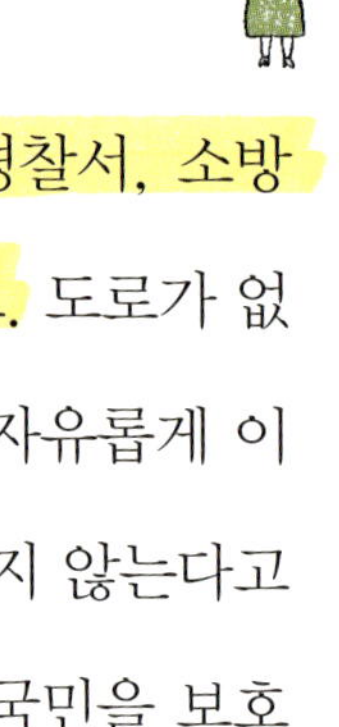

첫째, 도로를 건설한다든가 상하수도 시설을 갖춘다든가 경찰서, 소방서, 학교 등 우리 생활에 필요한 공공 기관을 짓는 데 사용해요. 도로가 없으면 지역마다 생산된 생산물들을 사고팔 수 없고 사람들이 자유롭게 이동할 수도 없어요. 상하수도도 마찬가지예요. 집에 물이 나오지 않는다고 생각해 보세요. 매일 물을 실어 나르느라 고생할 거예요. 또 국민을 보호해 주는 경찰서와 소방서, 국민 모두가 배울 수 있는 각급 학교도 없어서는 안 되는 곳들이지요. 이렇게 국가가 국민 모두를 위해 마련한 여러 가지 공공 서비스에 국민의 세금이 사용되고 있어요.

둘째, 모든 국민이 행복하고 편안하게 살 수 있는 생활 환경을 만드는 데 사용해요. 아플 때 큰 부담 없이 병원 진료를 받을 수 있도록 해 주는 의료 보험, 온 국민의 노후를 위한 국민연금, 경제적으로 어려운 국민들을 위한 기초 생활 보장 등에 쓰이지요.

셋째, 나라를 지키는 데 사용해요. 다른 나라의 침략으로부터 국민들의 생명과 재산을 지키기 위해 군대를 유지하고, 새로운 무기나 군사 시설 등을 준비하는 데에도 사용해요.

넷째, 공공 행정을 위해 사용해요. 공공 기관에서 일하는 사람을 공무원이라고 하는데 공무원들의 월급에도 국민이 내는 세금이 사용돼요. 또 여러 공공 기관을 운영하는 데에도 국민의 세금이 필요하지요.

이 밖에도 재난이나 사건, 사고 등에 대비하기 위한 예비비와 지방 세금만으로는 살림살이에 어려움을 겪는 지방 자치 단체에게 주는 교부금에도 국민의 소중한 세금을 쓰고 있어요. 세금이 필요한 곳이 참 많지요? 세금을 내지 않는다면 결국 그 피해는 국민에게 돌아온답니다.

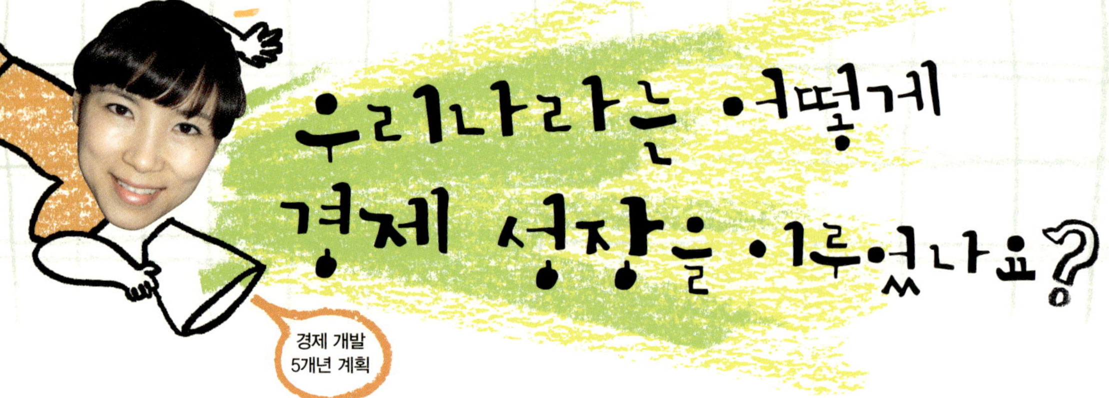

불과 60년 전만 해도 우리나라 사람들은 전쟁 뒤 찾아온 가난과 배고 픔에 허덕였지요. 하지만 곧 모두가 힘을 모아 나라를 일으키려고 노력했 어요.

158

경제 개발 5개년 계획은 1962년부터 5년마다 여러 차례 다른 목표로 추진되었어요. 처음엔 농업 생산량을 늘리고, 공장을 지어 2차 산업을 발전시켜 수출을 늘려 나갔어요. 그 다음엔 국민 소득을 늘렸고, 중화학 공업을 발전시켰지요. 특히 제3차 때의 경제 성장은 전 세계적으로도 찾기 힘들 만큼 대단한 것이어서 '한강의 기적'이라는 말을 들을 정도였답니다.

제4차 계획이 시작되던 1977~1981년 무렵엔 반도체 산업 등 첨단 산업도 시작했어요. 제5차(1982~1986년)부터는 경제 사회 발전 5개년 계획으로 그 이름을 바꾸었는데, 산업의 생산성을 높이고 물가를 안정시키며 경제 발전에 따른 불균형 문제를 해결하려고 했어요. 제6차(1987~1991년)에서도 우리나라의 경제 환경과 복지를 선진국처럼 발전시키기 위한 노력을 계속했지요. 이후에도 제7차(1992~1996년)까지 실행되었어요.

경제 개발 5개년 계획이 없었다면 지금의 대한민국은 없을 거예요. 하지만 지역적으로 경제가 불균형하게 발전되고, 사람들이 도시로 몰리게 되면서 농촌에는 일할 사람이 줄어들고 도시에는 인구 문제와 환경 문제가 생기는 등 경제 발전에 따른 여러 가지 부작용도 나타나게 되었답니다.

1950년대에는 가난했던 우리나라가 지금은 세계 20대 경제 대국에 들 정도로 발전했어요. 하지만 지금의 경제 성장은 그냥 이루어진 것이 아니에요. 수많은 위기가 있었지요. 가장 큰 위기는 IMF 경제 위기였어요.

우리나라는 IMF 경제 위기를 어떻게 이겨 냈나요?

1997년 12월 3일, 우리나라는 국제 통화 기금(IMF)으로부터 외화를 빌렸어요. 1997년부터 우리나라의 경제가 어려워지면서 여러 기업들이 문을 닫게 되었고, 불안해진 다른 나라와 은행들이 더 이상 외화를 빌려 주지 않았지요. 이미 빌려 준 외화도 빨리 갚으라고 재촉하면서 경제 위기가 시작되었어요. 결국 외화가 부족해진 우리나라는 세계 여러 나라들이 돈을 모아 놓은 국제 통화 기금의 돈을 빌려 쓰게 되었어요. 그 뒤 그 돈을 갚기 위해서 엄청난 노력을 해야 했고요.

우리나라는 국제 통화 기금에서 제시하는 방법에 따라 경제 구조도 바꾸었고 비싼 건물과 기업도 팔아야 했어요. 기업들은 돈을 아끼기 위해 근

로자의 수를 줄였어요. 은행에서는 빌려 준 돈에 대해 높은 이자를 받아서 돈을 빌린 사람들이 경제적으로 큰 어려움을 겪었지요.

국민들은 외화를 벌기 위해 '금모으기 운동'을 했고, 국산품을 썼으며, 아껴 쓰려고 노력했어요. 기업은 이익이 되는 사업과 이익이 되지 않는 사업을 확실히 나누는 구조 조정을 함으로써 튼튼한 기업을 만들었지요. 정부는 일자리를 잃은 사람들에게 새로운 일자리를 찾아 주려고 노력했고, 기업들이 보다 열심히 일할 수 있도록 제도를 고쳤어요. 또 앞으로 다시는 이런 고통을 겪지 않기 위해 은행과 기업에 대한 관리 감독을 철저히 하는 등 다양한 노력을 했답니다.

그 결과 2001년 8월 23일, 우리나라는 국제 통화 기금에서 빌린 외화를 모두 갚았어요. 앞으로 이런 일을 다시는 겪지 않으려면 국민 모두가 항상 국가 경제에 대해 관심을 가질 필요가 있답니다.

이야기 속 두 나라, 포도 왕국과 배 왕국은 각자 자기 나라에서 많이 생산되는 포도와 배를 서로 바꿔 먹기로 했어요. '무역'을 하기로 한 것이지요. '무역'은 나라와 나라가 물건을 사고파는 일을 말해요. 물건이나 서비스를 사는 일을 '수입', 파는 일을 '수출'이라고 해요. 지금 세계 여러 나라들은 서로 무역을 하며 관계를 맺고 있지요.

나라마다 노동력, 자원, 기술, 자연 환경이 다르기 때문이에요. 앞에서 배운 특화에 대해 생각해 볼까요? 특화는 어떤 기능이나 역할을 전문화하는 것이라고 했어요. 나라와 나라도 마찬가지예요. 어떤 것을 특화할 것인지는 그 나라의 사정에 따라 달라요.

예를 들어 옷을 만드는 기술이 뛰어난 A나라에서는 한 시간 동안 옷은 100벌, 신발은 20켤레밖에 못 만들어요. 반대로 신발을 만드는 기술이 뛰어난 B나라에서는 한 시간 동안 옷은 20벌, 신발은 100켤레를 만들어요.

그러니까 A나라는 옷을 특화해서 B나라에 수출하고, B나라는 신발을 특화해서 A나라에 수출하는 것이 경제적이겠지요. A나라는 신발을 수입하면 되고 B나라는 옷을 수입하면 돼요.

자원의 경우도 마찬가지예요. 철광석 같은 경우 우리 생활에 꼭 필요한 자원이지만 넉넉하게 생산되는 나라는 지구상에 몇 나라 없어요. 이럴 때 철광석이 생산되지 않는 나라들은 철광석이 생산되는 나라와 무역을 해야 해요.

결국 나라마다 생산할 수 있는 자원과 제품이 다르고 품질, 생산량, 기술에서 차이가 있기 때문에 무역을 하게 되었어요. 각 나라의 사정에 따라 자신 있는 것을 특화하여 생산하고 바꿔 쓰게 된 것이지요.

이것이 바로 무역이 필요한 이유랍니다.

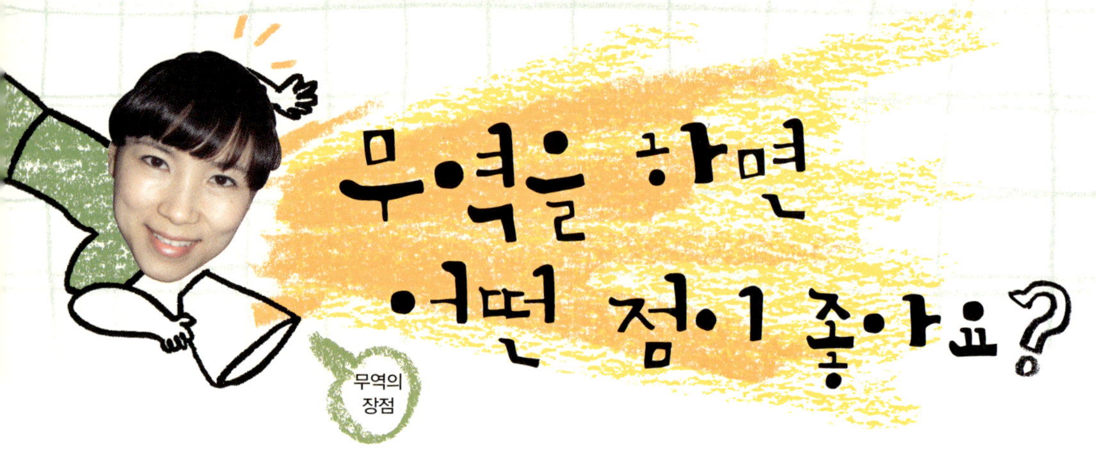

무역을 하면 어떤 점이 좋아요?

무역의 장점

아무리 무역이 필요해도 좋은 점이 없다면 지금처럼 나라와 나라 사이에 무역이 발전하지는 않았을 거예요.

무역을 하면 어떤 점이 좋은데요?

무역을 하면 좋은 점 첫 번째는, 그 나라에 없거나 부족한 자원을 얻을 수 있다는 거예요. 석유를 한번 생각해 볼까요? 우리나라에서는 석유 한 방울 나지 않지만 사우디아라비아나 미국, 러시아 등의 나라에는 많은 양의 석유 자원이 땅속에 묻혀 있지요. 석유는 연료로 쓰일 뿐만 아니라 옷, 신발, 칫솔, 장난감 등을 우리 생활 곳곳에 안 쓰이는 곳이 없을 정도로 꼭 필요한 자원이에요. 그래서 우리나라에서는 석유를 수입한답니다. 덕분에 우리는 석유로 만든 필요한 것들을 사용할 수 있지요.

두 번째! 우리나라에서 생산할 수 있더라도 무역으로 더 싸게 얻을 수 있는 자원과 제품이 있어요. 선생님이 어렸을 때에는 바나나 값이 정말 비쌌어요. 바나나는 아열대 기후에서 자라는데 우리나라

에서는 그나마 따뜻한 제주도에
서 생산되었지만, 비닐하
우스에서 일 년 내내 따
뜻하게 키워야 했기
때문에 생산 비
용이 너무 많이
들고 양도 너무
적어서 값이 비쌌어요. 하지
만 지금은 필리핀에서 바나나를 수
입하기 때문에 질 좋은 바나나를 싸
게 먹을 수 있게 되었지요.

　세 번째! 세계 여러 나라에서 만든 다양한 종류와 품질의 제품을 사용
할 수 있어요. 소비자 입장에서 본다면 선택할 수 있는 폭이 넓어지는 것
이지요.

　네 번째! 수출을 늘리면 일자리도 늘어나요. 나라마다 생산물을 특화해
수출하면 만드는 양도 늘어나게 되고, 그만큼 일할 사람도 더 많이 필요하
게 되지요.

　또 다른 나라의 제품 수입하면 새로운 기술과 디자인을 배울 수도 있고
우리 기업의 경쟁력을 키울 수 있다는 좋은 점도 있답니다.

보호 무역과 자유 무역, 어떤 것이 좋을까요?

각 나라의 상황에 따라서 무역은 좋은 영향을 줄 수도 있고 나쁜 영향을 줄 수도 있답니다. 그래서 어떤 나라에서는 정부가 무역에 간섭을 하기도 해요. 이것이 바로 '보호 무역'이에요.

'보호 무역'은 자기 나라의 산업을 보호하기 위해 정부가 나서서 수입을 제한하는 거예요. 예를 들어 볼게요. 기술을 익혀 이제 막 자동차 생산을 시작한 왕초보 나라에게 최고짱 나라가 자기네 자동차를 수입하라고 해요. 최고짱 나라의 자동차는 품질도 좋고 가격도 싸서 세계에서 가장 많이 팔리는 자동차예요. 하지만 이제 막 생산을 시작한 왕초보 나라가 다른 나라의 자동차를 수입하면 왕초보 나라의 자동차 산업은 망하게 될지도 몰라요.

왕초보 나라에서는 자동차를 수입하는 대신 여기에 무거운 세금(관세)을 붙이기로 했어요. 그러자 자동차의 가격이 높아지게 되었고 왕초보 나라 국민들은 경제 형편에 맞추어 자동차를 사게 되었지요. 결국 왕초보 나라는 자동차 산업도 지키고 최고짱 나라의 요구도 받아들인 거예요.

보호 무역과 반대로 정부에서 무역의 문을 활짝 열고 수출과 수입이 자

유롭게 이루어지도록 돕는 것을 '자유 무역'이라고 하지요. 자유 무역은 각 나라가 장점을 가지고 있는 자원과 제품을 많이 생산하고 교환함으로써 한정된 자원을 효과적으로 활용할 수 있다는 장점이 있어요. 하지만 기술력과 생산성이 부족한 나라는 자유 무역 때문에 산업 기반이 무너질 수도 있고, 무역에 강한 나라들만 이익을 보게 될 수도 있다는 단점이 있지요.

보호 무역과 자유 무역 가운데 어떤 것을 선택하는 게 더 좋아요?

대부분의 나라들이 보호 무역과 자유 무역, 두 가지를 적절하게 사용하고 있어요. 하지만 점점 자유 무역이 강조되어 가고 있답니다.

지금 우리나라도 세계 무역 기구(WTO)에 가입했을 뿐만 아니라 칠레, 미국, 유럽 연합 등과 자유 무역 협정(FTA)을 이미 맺거나 추진하고 있는 등 적극적으로 자유 무역을 하기 위해 노력하고 있답니다.

만약, 문구점에 있는 학용품들의 가격이 세계 여러 나라의 화폐로 매겨져 있다고 생각해 보세요. 도통 우리 돈으로 얼마인지 알 수 없을 거예요. 우리가 알고 있는 화폐의 종류만 해도 원 달러, 홍콩 달러, 호주 달러, 유로, 파운드, 엔, 위안, 페소, 루피 등등 이렇게 많은데, 다른 나라와 무역을 할 때에는 얼마나 어려움이 많겠어요.

이럴 때에는 어떻게 하면 좋을까요?

그래서 사람들이 생각해 낸 것이 '환율'이에요. 각 나라의 돈을 교환하는 비율을 정하는 것이지요. 화폐 단위가 다른 두 나라의 돈을 교환할 때에는 환율에 따라 교환하면 돼요.

자신이 가지고 있는 돈을 다른 나라의 돈으로 바꾸는 일은 '환전'이라고 해요. 혹시 여러분 가운데 해외여행을 가 본 사람이 있다면 환전을 해 봤을 거예요. 은행이나 공항의 환전

소에서 우리 돈을 여행 가는 나라의 돈으로 바꾸는 것이 바로 환전이지요.

환율은 여러 가지 이유로 계속 변해요. 1달러에 1천 원이었던 것이 1천 3백 원이 된다면 '환율이 올랐다'라고 말할 수 있고, 1달러가 다시 1천 2백 원이 된다면 '환율이 내렸다'라고 말할 수 있어요. 즉, 외국 돈에 대한 우리 돈의 비율이 올라가면 환율이 오르는 것이고 외국 돈에 대한 우리 돈의 비율이 내려가면 환율이 내려가는 거예요.

환율은 우리 생활과 매우 밀접한 관계를 가지고 있는데 특히 무역에서 중요한 역할을 해요. 물건 하나에 1달러씩 받고 수출하는 기업이 있다고 생각해 보세요. 1달러=1천 원의 환율일 때 이 기업은 물건을 10개 수출하면 1만 원을 벌 수 있지만, 1달러=1천 3백 원의 환율일 때에는 1만 3천 원을 벌 수 있어요. 하지만 1달러=8백 원으로 환율이 떨어지면 똑같이 팔아도 8천 원밖에 벌 수 없답니다. 수입의 경우는 그 반대예요. 그래서 보통 환율이 오르면 수출이 유리해지고 환율이 내리면 수입이 유리해져요. 하지만 우리나라는 석유나 철광석, 목재 등 원자재 수입 비율이 높기 때문에 무조건 환율이 높아져서 수출이 잘되는 것만 유리한 것도 아니에요. 적당한 환율을 유지하기 위해 우리나라는 오늘도 열심히 노력하고 있답니다.

우리나라의 주요 수출품과 수입품은 무엇인가요?

지식 경제부가 발표한 자료에 따르면 우리나라는 '2009년 수출 순위 세계 9위'를 기록했어요. 그만큼 무역에 적극적으로 참여하는 나라이지요. 수출 순위 10위 안에 든 나라는 중국, 독일, 미국, 일본 등 세계적인 경제 대국들로 우리나라는 1981년 19위로 20위권에 진입한 지 28년 만에 10위권 안에 들었답니다.

그럼 우리나라의 주요 수입품도 알아봐야지요. 우리나라는 자원이 부족하기 때문에 석유, 석탄, 철광석, 고무, 원목 등 원자재 수입을 많이 해요. 그 가운데에서도 최고의 수입품은 역시 석유예요. 석유는 중요한 에너지 자원일 뿐만 아니라 우리나라의 주요 수출품을 만드는 원료가 되기 때문이에요. 이 밖에도 쌀, 밀가루, 과일 등의 농수산물, 컴퓨터나 반도체를 만드는 공업 재료, 각종 소비재 등을 수입하고 있어요.

이쯤에서 우리나라의 수출품과 수입품의 특징을 눈치챘나요? 맞아요. 우리나라는 자원이 부족한 대신 기술력이 좋기 때문에 주로 원자재를 수입해서 완성품을 수출하는 나라예요. 자원 없이도 무역 강국이 될 수 있다는 것을 보여 주는 훌륭한 본보기가 되는 나라가 바로 우리나라랍니다.

LCD 패널 액체와 고체의 중간 물질로 만들어진 판으로, 시계나 텔레비전의 화면에 이용돼요.

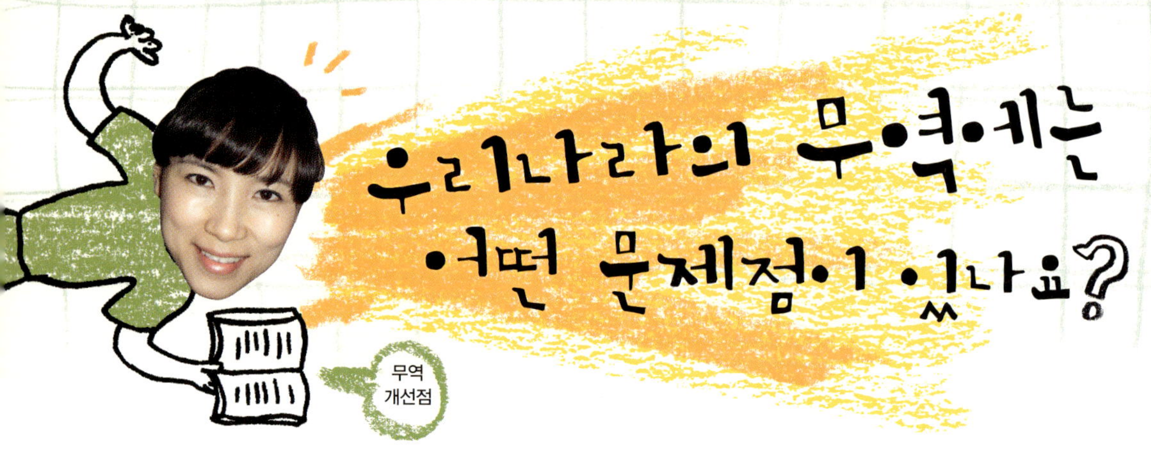

우리나라는 세계에서 아홉 번째로 무역을 활발히 하는 나라이지만 많은 문제점도 가지고 있어요.

둘째, 우리나라는 무역에 너무 기대고 있어요. 우리나라의 무역 의존도는 국민 총생산의 70% 정도로, 일본과 미국의 무역 의존도가 20% 정도인 것에 비해 너무 높아요. 수출이 잘되지 않으면 그만큼 우리 경제도 어려워지게 되지요. 우리나라에도 최고 기술로 생산된 제품이 많은 만큼 국민들이 우리 제품을 더욱 사랑하고 많이 사야 해요.

셋째, 주요 무역 대상국이 미국, 일본, 중국으로 한정되어 있어요. 이렇게 특정한 나라와만 무역을 하게 되면 그 나라의 경제 상황에 영향을 많이 받게 돼요. 우리나라 무역이 튼튼해질 수 있도록 수출과 수입을 할 수 있는 나라를 다양하게 할 필요가 있어요.

넷째, 원자재 수입 비중이 너무 높아요. 여러분도 알다시피 우리나라는 자원이 부족한 나라예요. 그래서 자원을 많이 수입하고 있는데, 땅속 자원이 점점 부족해지고 있기 때문에 주요 자원은 이제 세계 경제를 휘두르는 강력한 무기가 되었지요. 자원을 생산하는 나라들은 주요 자원의 가격을 쥐락펴락할 뿐만 아니라 전쟁을 일으키기도 해요. 원자재 수입에 따른 우리 경제의 피해를 줄이려면 무조건 원자재를 수입하기만 할 것이 아니라 새로운 자원을 찾고 개발하는 데 열심히 참여해야 한답니다.

다섯째, 우리나라의 제품들은 가격 경쟁력, 품질 경쟁력이 떨어져요. 지금 우리 수출품들은 싼 노동력 덕분에 세계의 공장이라고 불리고 있는 중국에는 가격으로 밀리고, 디자인과 기술 면에서 우리보다 뛰어난 일본에는 품질로 밀리고 있어요. "대한민국 하면 이 제품!"이라고 세계 사람들이 떠올릴 수 있는 제품을 더욱 많이 연구하고 만들어야 합니다.

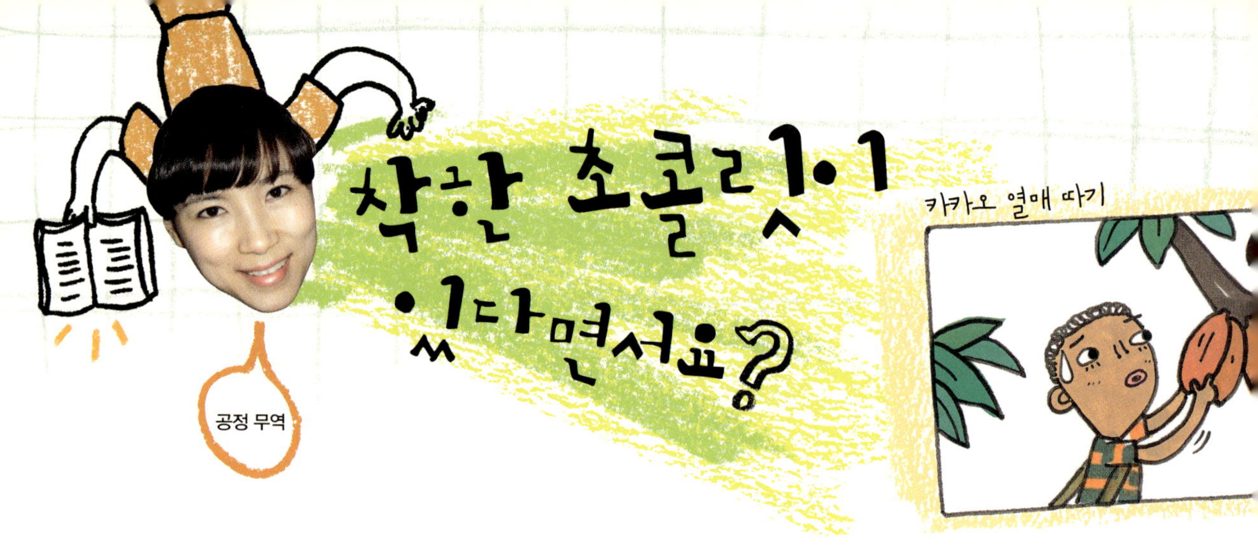

　무역은 세계의 많은 나라가 자기들이 더 잘, 더 많이 생산할 수 있는 제품을 생산해서 서로 바꿔 쓰는 일이에요. 그러면 무역을 하는 모든 나라의 국민들이 더욱 행복해져야 할 텐데, 정말 그럴까요?

　안타깝게도 무역의 혜택을 보지 못하는 사람들도 많아요. 그림 속 카카오 농장 어린이의 이야기를 보세요. 달콤한 초콜릿의 원료가 되는 카카오 콩을 생산해서 수출하는 나라에 살고 있지만 정작 초콜릿을 먹어 본 적이 없어요. 그 어린이들이 받는 품삯으로는 초콜릿을 살 수 없거든요. 어린이들의 품삯이 싼 이유는 초콜릿을 만드는 사람들이 너무나 싼 가격으로 카카오콩을 사들이기 때문이에요.

　소비자들은 비슷한 품질이라면 싼 제품을 좋아해요, 그래서 초콜릿을 만드는 사람들은 초콜릿 가격을 낮추기 위해 농장의 카카오를 싸게 사지요. 그 때문에 카카오 농장의 어린이들이 형편없는 품삯을 받게 되는 거예요. 초콜릿만이 아니에요. 유명 상표의 운동화와 티셔츠, 축구공, 설탕, 커피 등도 실제 그것을 만들고 수확하는 사람들은 제대로 된 품삯을 받지 못하고 있어요. 그래서 '공정 무역 운동'이 생겨났답니다.

'공정 무역 운동'이 뭐예요?

공정 무역 운동은 가난한 생산자들과 노동자들이 만든 물건을 공정한 가격에 거래함으로써 그들이 경제적으로 자립하도록 돕는 운동이에요. 생산과 유통 과정에서 중간 과정을 줄이고 생산자와 소비자를 직접 이어 줌으로써, 생산자는 제값을 받고 소비자는 좋은 물건을 좋은 가격에 사는 '착한 소비'를 하는 것이지요.

우리 주변에도 공정 무역 제품을 살 수 있는 곳이 많아요. 이왕이면 소외된 노동자들을 생각하는 '착한 소비'를 하는 것은 어떨까요?